jetlag travel guide

La Molvanie

LE PAYS QUE S'IL EXISTAIT PAS, FAUDRAIT L'INVENTER

Traduit de l'anglais (Australie)
par Nicolas Richard

Flammarion

Publié pour la première fois en 2003
par Hardie Grant Books en collaboration avec Working Dog Pty Ltd.
www.hardiegrant.com

Adaptation de la maquette : Éléonore Thérond

www.molvania.com

ISBN : 2-08-068890-1

Szlengro!

[Bienvenue !]

Écrit par Santo Cilauro, Tom Gleisner & Rob Sitch
Édité par Martine Lleonart
Design de la couverture et des textes : Trisha Garner
Cartes : Trisha Garner
Illustrations pp 13, 16, 67, 76 : Kim Roberts

PHOTOGRAPHIES:
Giuseppe Albo (décédé) pp 18, 25, 51, 60, 107, 140, 141, 146,167 ; **Bill Bachman** pp 3, 8, 17, 28, 37, 38, 39, 42, 46, 52, 54, 61, 74, 77, 81, 86, 87, 108, 109, 123, 131, 143 ; **Margherita Cilauro** pp 12, 23, 33, 48, 57, 73, 81, 89, 96, 97, 106, 115, 144, 154 ; **Santo Cilauro** pp 10-11, 15, 18, 22, 24, 26, 29, 30, 32, 34, 36, 44-45, 56, 62-63, 67, 70, 73, 77, 82, 83, 85, 88-89, 90, 95, 100, 116, 117, 118-19, 122, 129, 132, 138, 139, 156, 157, 161, 165, 171 ; **Emmanuel Santos** pp 22, 33, 92, 111, 117, 121, 128, 138 ; **Tom Gleisner** pp 21, 23, 38, 44, 58, 61, 64, 66, 72, 78, 99, 130, 133, 151, 155, 158, 165; **Pauline Hirsh** pp 113, 144-145, 171, rabat de couverture (*Survivre au Moustachistan, Côtes de SypholIos à voile et à vapeur*); **Images Lonely Planet** pp 9, 28, 55, 142, 148 ; **Working Dog** pp 7, 14, 31, 40, 41,107, 149, 174-75, 176, rabat de couverture (*Viva San Sombrero, Aloha Takki Tikki, Let's go Bongoswana, Croisière aux Îles Tofu*).

LES AUTEURS AIMERAIENT REMERCIER :
La famille de G. Albo, Liam Bradley, la famille La Canna, Mr & Mrs A. Caruso et leur famille, Debra Choate, la famille Ciccarone, la famille Cilauro (en particulier Vito et Nonno Santo), Kate Cody, Rees Cornall, Frances Forrest, Sandy Grant, David Herman, Michael Hirsh, Pauline Hirsh, Jane Kennedy, Simon Kuszninczuk, Luisa Laino, la ville de Licodia Eubea, Lost Dogs Home, Simone Martin, Susannah Mott, Billy Pinnell, Marianne Raftopoulos, Amanda Seiffert, Greg Sitch, Julie Thomas, Polly Watkins.

Table des matières

6_les Auteurs 8_Introduction

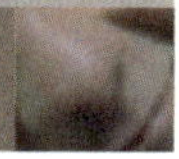

PRÉSENTATION DE LA MOLVANIE

12_Histoire 17_Hymne national 18_Géographie 20_Population et communautés
22_Sports 24_Religion 26_Langue 28_Alimentation et boissons 30_Musique
32_Théâtre, art et littérature 33_Journaux, films, vidéo 34_Télévision
35_Quand s'y rendre 36_Sécurité, criminalité 37_Voyager seule
37_Communauté homosexuelle 38_Renseignements pratiques

LUTENBLAG [Lutnblaag]

46_Généralités 48_Se déplacer 49_Où se loger
52_Où se restaurer 56_Loisirs, culture 57_À voir, à faire

LES ALPES MOLVANIENNES [Alpj Molvanjka]

64_La région 65_**Svetranj** 74_**La grande plaine**
76_**Vajana** 83_**La chaîne des Postenwalj**

LES STEPPESORIENTALES [Stjppka Orjentlka]

90_la région 91_**Bardjov** 99_**Lublova**
109_**Le lac Skrotul** 110_**Dzrebo**

LE PLATEAU OCCIDENTAL [Vesternplat]

120_La région 121_**Sasava** 131_**Sjerezo** 141_**Le lac Vjaza**

LA GRANDE VALLÉE CENTRALE

146_La région 147_**Jzerbo** 156_**Gyrorik**

166_Poème d'adieu 168_Index
172_Légendes des cartes 173_Carte de la Molvanie
174_Conversions 175_Lutenblag transports en commun
176_Autres guides de la collection

LES AUTEURS

Rick

Rick van Dugan Né dans le Missouri, Rick a toujours rêvé de voyager de par le monde. À 18 ans, il supplia ses parents de lui accorder un an à l'étranger. Enthousiasmés, ils lui en accordèrent trois. Depuis, Rick sillonne la planète comme chroniqueur touristique et photographe indépendant. Il a travaillé pour de nombreux guides touristiques, dont *L'Europe baltique*, *Tchèque et Mat* et *Le Kazakhstan pour un dollar par mois*.

Philippe

Philippe Miseree est, depuis ses jeunes années, un professionnel du voyage. Il n'existe pas une ville qui ne l'ait récemment déçu. Choisissez la destination la plus obscure, Philippe s'y est déjà rendu, et il est formel : c'était deux fois mieux dans les années 1970. Parmi ses ouvrages antérieurs, citons : *La Turquie sans truquerie*, *L'Inde à la dure*, *L'Asie du Sud-Est à l'arrache*, et *Les voyages déforment la jeunesse*. Philippe a contribué à l'élaboration de la rubrique « réclamations ».

Olga

Olga Stryzki Née en Californie, elle prit goût au voyage le jour où ses parents, qui l'avaient emmenée en Europe, l'abandonnèrent sur place. Elle mit le cap sur Israël, et travailla quelques semaines dans un kibboutz. Prise en otage, elle servit de monnaie d'échange avec l'OLP. Diplômée de l'UCLA, Olga s'intéresse au rôle sociologique et historique des femmes, et au hockey sur glace. Chargée de la rubrique sur les femmes en Molvanie, elle a passé tout son temps à se plaindre du manque d'infrastructures pour les personnes handicapées.

Trudi

Trudi Dennes a vécu et travaillé au Japon pendant plus de dix ans. Elle est actuellement en poste au département d'histoire classique de l'université de Tokyo. Trudi n'a jamais vu la Molvanie. Suite à une erreur d'affectation, elle a été engagée pour ce guide.

Recz

Recz Jzervec Molvanien de souche, Recz est né dans le nord du pays, où il a passé son enfance. Il a quitté la région à 12 ans, afin d'échapper au service militaire actif.

Andy, dit "Le Bestiau"

Andy Wilson, dit « Le Bestiau » Né à Brisbane, en Australie, il a pris goût aux périples grâce à un voyage de fin d'année à Bali avec son équipe de football amateur. Les quinze jours de vacances se transformèrent en une année entière à la prison de Denpasar, Andy étant accusé d'avoir brûlé vif un moine. À sa sortie, atteint du virus du voyage, il s'embarqua illico pour une odyssée éthylique en Asie du Sud-Est. À son retour en Australie, il décida d'écrire un livre sur ses expériences outre-mer, mais se rendit compte qu'il n'en avait plus aucun souvenir. Depuis lors, plus d'une trentaine de pays lui refusent un visa et il parle couramment sept langues, quand il a bu. Aux dernières nouvelles, il combattait en Afghanistan aux côtés des Talibans. Andy s'est chargé des rubriques sur la vie nocturne et la bière en Molvanie.

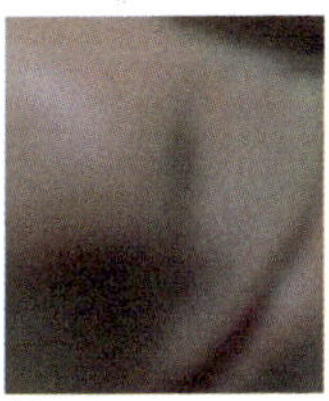

Horst (Photo droits réservés Horst)

De nombreuses photos de ce guide ont été prises par **Horst von Fluegel**, un passionné de voyage. Il ne s'est pourtant mis à la photo que tout récemment. N'ayant pas suivi de formation dans ce domaine, Horst revendique néanmoins une démarche résolument artistique – le flou artistique occupant d'ailleurs une place prépondérante dans son travail photographique.

Toutes nos excuses... *pour les fautes de frappe de la page 151. Il fallait lire non pas « l'obus, la madone bucolique » mais « l'eau bue donne la colique ».*

INTRODUCTION

La **république de Molvanie** a beau être l'un des plus petits pays d'Europe, elle a beaucoup à offrir au touriste exigeant. Des paysages somptueux, une architecture néoclassique splendide et des siècles de culture ne caractérisent pas, il est vrai, ce pays. Mais le voyageur intrépide saura trouver son bonheur dans ce singulier État-nation continental – de la capitale **Lutenblag**, avec son fameux réseau de tramways à essence, à la **chaîne des Postenwalj** au Sud, où l'on savourera un verre du *zeerstum* (eau-de-vie à base d'ail) local, en admirant un paysan en costume traditionnel tabassant son mulet.

La Molvanie, premier producteur mondial de betteraves et berceau de la coqueluche, est un pays imprégné d'histoire. Ici, le passé est omniprésent. On trouvera à **Gyorik** un des plus anciens réacteurs nucléaires au monde encore en activité. En matière de bâtiments et de monuments publics, la Molvanie est doublement bénie des dieux, le pays ayant en effet connu deux âges d'or : une **période gothique** sous le règne du Saint Empereur romain Charles IV, et la fin des années 1950, lorsque son histoire d'amour (d'inspiration soviétique) pour le béton non armé laissa sa marque indélébile dans le paysage urbain.

Pour les personnes soucieuses d'environnement, la Molvanie embrasse avec enthousiasme la cause de l'**éco-tourisme**. De nombreux « pavillons verts » sont actuellement bâtis au cœur des forêts tempérées du Nord-Est du pays, lesquelles fournissent d'ailleurs le bois de construction.

L'Ensemble folklorique royal de Molvanie interprétant son traditionnel « Biljardjig » (« La Danse des queues de billard »).

Au supermarché, une paysanne molvanienne inscrit avec application la date d'expiration sur un œuf.

Mais la Molvanie est aussi un pays à la pointe de la modernité, et Lutenblag peut s'enorgueillir de l'une des **vies nocturnes les plus branchées** d'Europe. La jeunesse estudiantine molvanienne y danse jusqu'au bout de la nuit au son d'un orchestre de *fzdari* (entre techno-trans et *mazurka*). Vous pourrez également visiter l'imposante usine automobile de **Bardjov**, où de fiers ouvriers produisent la voiture nationale, la *Skumpta*, et son fameux intérieur haut de gamme en contreplaqué.

Les gourmets seront comblés. La cuisine molvanienne a en effet assurément progressé, depuis l'époque où l'on ne trouvait les infâmes boui-bouis, à l'éclairage douteux et aux **tarifs exorbitants**, que dans le centre de Lutenblag. Désormais, de tels établissements pullulent dans tout le pays.

Quoi que vous cherchiez, vous le trouverez certainement en Molvanie. Munis de ce guide, et après quelques vaccinations*, vous serez fin prêts pour le grand départ !

* *Choléra, typhoïde, diphthérie, hépatite A, hépatite B, polio, tuberculose, hépatite C, méningite, malaria, tétanos, fièvre dengue et encéphalite à tiques. Ceux qui ont l'intention de visiter l'intérieur du pays se feront également vacciner contre la maladie du charbon.*

PRÉSENTATION DE LA MOLVANIE

HISTOIRE

Bien que des tribus slaves aient probablement occupé, au Vᵉ siècle, ce qui est aujourd'hui la Molvanie, la première référence à ce pays apparaît en 721 ap. J.-C., lorsque le prince de Molvanskie, **Nikod Iᵉʳ**, se nomma lui-même à la tête d'un empire comprenant non seulement son propre pays, mais aussi la Prusse, l'Allemagne et une bonne partie de la Scandinavie. Revendication ambitieuse de la part d'un souverain qui venait juste d'avoir 12 ans. Son règne expansionniste ne dura guère que quelques semaines.

Au Moyen Âge, la Molvanie fut envahie par de nombreuses armées, dont les Goths, les Tatars, les Turcs, les Huns, les Baltes, les Lombards, et même une horde de nonnes espagnoles étonnamment vindicatives, jusqu'à ce que **Fyodor Iᵉʳ**, le premier roi et saint patron de Molvanie, procède à l'unification du pays, en massacrant le plus grand nombre possible de ses concitoyens. Ceux qui échappèrent au massacre et à la prison furent orientés vers l'enseignement.

Fonts baptismaux figurant l'une des premières martyres de Molvanie, Sainte Striptisa (née en 829 ap. J.-C., excommuniée en 863 ap. J.-C.)

En 863 ap. J.C., à l'arrivée du missionnaire **Saint Parthag**, l'Empire se convertit au christianisme, pour revenir au paganisme dès son départ l'année suivante. Au bas Moyen Âge, la Molvanie connut une brève ère musulmane. Cependant, la rigueur de l'enseignement coranique qui condamnait la boisson, la violence et les relations extraconjugales, ne fut jamais acceptée par les populations locales.

Pendant une brève période, la culture de la Renaissance fut florissante en Molvanie – selon certains historiens, cette période, située fin 1503, dura trois semaines environ. Mais c'est pendant les années 1520 que fut édifiée l'une des universités les plus éclairées d'Europe. Sise dans le nord du pays, à **Motensparg**, elle proposait des cours de latin, de grec ancien, et offrait des bourses aux catcheurs.

En 1541 une armée paysanne tenta de s'insurger contre les propriétaires terriens, mais la révolte fut matée, et le chef Gyidor Dvokic brûlé vif à la broche. D'où le célèbre dicton molvanien : « *eich zdern clakka yastenhach !* » (littéralement : « J'ai une impression de grande chaleur dans le rectum. ») Le pays se composait alors de **principautés semi-indépendantes** et villes-États en proie à des querelles intestines. En 1570, la tentative d'unifier ces différentes régions échoua, faute d'entente sur un lieu de rencontre qui convînt à tous. Le pays finit par sombrer dans la guerre de Vingt Ans, laquelle ne dura en fait que six mois.

Le XVIIe siècle vit la Molvanie se scinder en différents **fiefs**, tous gouvernés par des despotes prompts à écraser impitoyablement la moindre agitation ; on considère que ce fut l'une des périodes les plus éclairées du pays.

PANORAMA HISTORIQUE

LA PRÉ-HISTOIRE 10 000 av. J.-C.

La Molvanie quitta l'âge de Fer quand certaines tribus du Nord entreprirent de chasser les animaux à l'aide d'armes entièrement taillées dans des patates vertes. Au fil des 2 000 ans qui suivirent, la population décrut jusqu'à atteindre le chiffre fatidique de 680 habitants. La légende veut que le roi guerrier Zlag ait fait la découverte d'une nouvelle matière, moins amidonnée, qui servit à construire des outils. Le pays entra alors dans l'âge du Liège.

L'ÉPOQUE CLASSIQUE 50 av. J.-C. – INVASION ROMAINE

On considère que sous Jules César l'expansion romaine se fit essentiellement vers l'ouest. Mais tandis que le général Maximus traversait la Gaule, l'Ibérie et la Bretagne, un autre général redouté, Hortensius Clarus, progressait vers l'est, traversait les Balkans, et atteignait l'avant-poste connu des Romains sous le nom de « terra Mulvania – populus dementissimus ». Son avance fut stoppée net le jour où, prenant d'assaut la ville de Jraftrwok, il demanda au roi la main de sa fille. Courageusement, celle-ci lui trancha la gorge après qu'il eut insisté pour qu'elle se rase les aisselles. L'armée se retira et ramena le corps décapité du général ainsi qu'un descriptif circonstancié des femmes molvaniennes. Rome jura de ne plus jamais remettre les pieds en Molvanie.

L' ÂGE D'OR 720 ap. J.-C. – 988

Pour la majeure partie du monde occidental le bas Moyen Âge fut synonyme de déclin. Pour la Molvanie en revanche, ce fut, sous la dynastie Gladbaag, une période florissante. Ezrog, le plus grand des poètes molvaniens, composa *Jzlakkensklowcza*, une épopée tragi-comique composée de 20 000 vers paillards inspirés des exploits des personnages du tarot.

HISTOIRE MODERNE

Après des siècles de royauté, la république de Molvanie fut enfin proclamée en 1834 et les dirigeants du pays entreprirent la rédaction d'une **constitution moderne**. Le document qui en résulta conférait tout le pouvoir exécutif à un Grand Sorcier, dont les décisions ne pourraient être contredites qu'à la pleine lune. La structure fut par la suite encore modernisée. Elle constitue le fondement du mode actuel de gouvernement. **Czez Vaduz** fut le premier Premier Ministre élu démocratiquement. Il gouverna jusqu'à sa mort, en 1871. Sa popularité et son charisme étaient tels qu'il fut réélu l'année suivante.

Le XXe siècle vit l'émergence de la Molvanie comme puissance semi-industrielle - l'un des plus gros producteurs au monde de panais et de réglisse. En 1940, le **parti nazi** accéda au pouvoir et la Molvanie entra dans la Seconde Guerre mondiale aux côtés des Allemands. Cinquante ans plus tard, de nombreux Molvaniens ont encore du mal à accepter ce pan honteux de leur histoire. Sous l'occupation, la **police militaire secrète** se montra si brutale que même les officiers SS d'occupation la redoutaient. Malheureusement, la vie politique compte encore aujourd'hui une forte aile droite nationaliste, représentée par le **Parti Jsalter** (créé par Igor Ztubalk, ex-animateur de boîtes de nuit, connu de ses fans sous le sobriquet du « Néo-Nazi Chantant »).

STRUCTURE POLITIQUE de la MOLVANIE

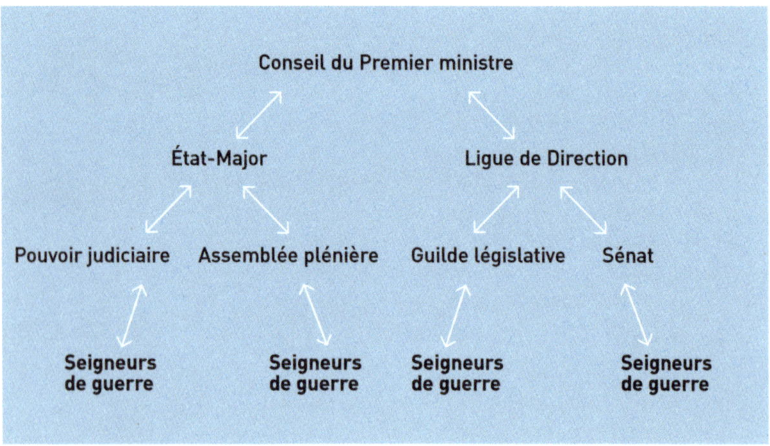

Après la guerre, la Molvanie, sous tutelle soviétique, subit de longues années de privations. Le tournant eut lieu en 1982, au moment de la chute du célèbre **Mur de Lutenblag**, due moins à une réforme démocratique qu'à un défaut de construction. La disparition du symbole du joug communiste amena néanmoins la Molvanie à procéder à ses premières élections démocratiques, en 1983.

Elles furent remportées par le général Tzoric, ex-chef d'état major – victoire écrasante, au sens propre, puisqu'en pleine campagne électorale, les membres du parti d'opposition disparurent dans un effondrement. Tzoric et son Parti Rzelic restèrent au gouvernement jusqu'en 1989, avant d'être évincés par le tout nouveau **Parti de la Paix**, qui s'empressa de déclarer la guerre à la Slovaquie et à la Pologne. Une trêve fut finalement décidée. Malheureusement, ce fut le début d'une grave période de récession pour la Molvanie, qui atteignit son apogée avec la grève de Treize Ans, les ouvriers abandonnant leurs postes pendant 4 745 jours pour protester contre les projets de réduction des primes de vacances.

En 1997, la Molvanie demanda à entrer dans l'**Union européenne**. Cependant, le processus d'intégration fut retardé, la Molvanie refusant l'accès aux inspecteurs spécialistes des **armes biologiques**.

Aujourd'hui, le pays oscille entre l'ancien et le nouveau monde. Membre à titre conditionnel de l'OTAN, la Molvanie est bien notée par le FMI, mais doit encore officiellement condamner l'envoi des **sorcières au bûcher**. Les carences en termes de services publiques, de santé et d'éducation sont préoccupantes, bien qu'il existe neuf chaînes de télévision publiques. Malgré ces contradictions – ou peut-être grâce à elles – les visiteurs sont chaque année plus nombreux à vouloir goûter les charmes de la Molvanie.

Le premier ministre V.B. Tzoric félicite les deux lauréats du concours du Jeune Despote 1987 (quelques semaines plus tard, celui de gauche assassinera celui de droite).

La famille royale adorée de Molvanie en exil.

LE PÈRE DE LA MOLVANIE MODERNE

Inutile d'aller bien loin en Molvanie pour tomber sur le nom de Szlonko Busjbusj (1891 – 1948). Le « Père de la Molvanie moderne » (surnommé affectueusement « Bu-bu »), homme d'État en avance sur son temps, a donné son nom à des routes, des ponts, des statues, des rivières et même à une maladie contagieuse. Pas étonnant, compte tenu de tout ce qu'il a accompli au cours de ses différents mandats de Premier Ministre, durant les tumultueuses années 1930.

Szlonko Busjbusj (« Bu-Bu »)

Pendant cette période, il parvint à :

* déréguler l'industrie nationale du tracteur
* réduire l'alphabet de 33 lettres
* réintroduire la roue
* faire passer le week-end de travail maximum de 18 à 16 heures
* arrimer la monnaie de son pays (le *strouble*) au *lit* de Latvie.
* créer « Balkan 7 », confédération régionale informelle de républiques continentales
* amender la constitution pour y inclure une charte garantissant à tout citoyen le droit à la rancune

Mais au-delà de ces réformes extraordinaires c'est sans doute le « Bu-Bu » visionnaire économique que l'histoire retiendra. Pendant la Grande Dépression de 1932, sombre période pour le monde et pour la Molvanie, l'hyperinflation obligeait les gens à se munir de brouettes remplies d'argent juste pour faire leurs courses. Szlonko Busjbusj bluffa les places financières internationales en décrétant la brouette monnaie officielle.

Même après sa retraite, Busjbusj continua de travailler d'arrache-pied pour unifier les différentes factions politiques de Molvanie. Il convoqua et mena brièvement la coalition du Parti Unifié des Tyrans, Despotes et Dictateurs. Avec l'âge, sa vue baissa cruellement, de même que son respect pour les droits de l'homme. En 1962, ce « visionnaire à la vue trouble » (ainsi fut-il décrit dans sa citation à comparaître pour crimes de guerre devant les Nations unies) s'éteignit de mort naturelle – assassiné.

HYMNE NATIONAL

L'hymne national molvanien fut choisi en 1987 au terme d'un concours remporté par le vénérable compositeur local **V.J. Rzebren**, qui s'est inspiré de la mélodie de ***Oh What a Feeling*** de *Flashdance* (ne satisfaisant pas aux lois de l'Union européenne sur la discrimination raciale, la dernière strophe est considérée comme optionnelle).

PRIJATI I-VSE PROST! ZVET BRAGK LE SOSED NE
KJO RJOPAK TAVO GARBUS JKET SZOR
TEGUL DIRBA LIETVEJ TEGUL ZVUT STKER
OMOV DSKVI A TO JRE TA INACH MYSL

PREJ LUK VDES PO JKADS KREMT VSE-TOI
BJOR ESHTE QE DJESHMOR RTEH
EJUM JE TA ZVOR KRE ZSOVORTKIS
EJUM UND DAS SJORGEM FLAI

VERBOT! SKUIG VAS-KLEM SVETHUM
STUMZ STUM PLAIS-DEIN STUMZ!
SEMIA TZASUMUS VO DIRBA PO
OZIVLA KI VTOPIO BO-LE SKBRI

TRADUCTION

Nous voici vigoureux et prospères
Peuples à jamais unis
Frères nous sommes en nos frontières
La fortune d'ici jamais ne sera bannie

Honnies soient nos querelles
Fertiles nos plaines détrempées et nos femelles
N'oublions point notre héroïque passé
Et notre fortune à venir sera amassée

L'harmonie et la paix régneront
Tous les envahisseurs expireront
Chantons, chantons pour la nation
Hors de la patrie le gitan et sa malédiction

Olja, la grande sensation pop de Molvanie, mêle des sons latino brûlants et une rhétorique de guerre froide.

DRAPEAU NATIONAL

Le « trikolor » de Molvanie est unique en ce sens qu'il ne possède que deux couleurs. Après la chute du rideau de fer, la Molvanie fut le seul pays de l'ex-Union soviétique à conserver le marteau et la faucille. Les symboles de l'unité des travailleurs avaient tant plu qu'un troisième outil fut ajouté – la truelle.

GÉOGRAPHIE

La Molvanie fut jadis décrite par un intellectuel de passage comme étant « à la croisée de l'Europe de l'Est ». Sarcasme ? Ironie ? Il n'empêche, le pays occupe une place centrale dans l'histoire européenne. Au plan géographique, la Molvanie offre une grande diversité de paysages. Les régions du Sud se composent de **marais bourbeux** et de marécages asséchés. Le Nord et l'Ouest offrent de vastes plaines balayées par les vents.

Le Fameux Tour dj Molvania, plus connu sous le nom de « Classique de l'EPO ».

À l'extrême sud-est du pays, la **chaîne des Postenwalj** est chaque année le théâtre de la légendaire course cycliste du « Tour dj Molvania ». L'hiver venu, ces collines se muent en Mecque des skieurs. L'altitude n'excédant guère 700 m, la couverture neigeuse rivalise avec celle d'un désert, d'où le terme de « Mecque ».

Deux cours d'eau principaux traversent le pays. Le fleuve Uze serpente majestueusement vers l'ouest jusqu'à la frontière allemande, où il est ensuite rebaptisé l'**Égout Saxon**, tandis que la plus modeste rivière Fitzula s'écoule au sud.

La vallée centrale était aride et pelée. Mais grâce à beaucoup d'engrais et à la politique gouvernementale d'ouverture en matière d'**OGM**, les paysans du cru peuvent aujourd'hui produire de grandes quantités de maïs, de blé, de betteraves et un hybride semblable à la patate, que l'U.E. devrait bientôt déclarer officiellement denrée comestible.

La Molvanie s'enorgueillit d'être sensible aux questions écologiques. Les ordures sont recyclées ou jetées de l'autre côté de la frontière, en Slovaquie. Les précipitations annuelles moyennes s'élèvent à 67 cm, sous forme de neige et de pluies acides.

Au plan géographique, la Molvanie est une terre de contrastes – de ses collines rocailleuses semi-arides à ses plaines rocailleuses semi-arides.

MOLVANIE
N
O
jetlag
E
S
PLATEAU OCCIDENTAL
Lac Vjaza
Sasava
Sjerezo
Chaîne des Czarbuncle
Jzerbo
Uze
Lutenblag
GRANDE VALLÉE CENTRALE
Gyrorik
Bardjov
Lac Mzaukera
Dzrebo
Lublova
Uze
STEPPES ORIENTALES
Lac Skrotul
Fiztula
Lac Debrizca
Vajana
La Grande Plaine
Fiztula
ALPES MOLVANIENNES
Connardj
Svetranj
Lac Bzejenko
Vzintga
Chaîne des Postenwall
0
300km

POPULATION et COMMUNAUTÉS

En 60 ap J.C., l'historien romain **Tacite** décrivait ainsi le peuple molvanien :

> *« Ils sont courtauds, basanés, peu enclins au travail ou à la réflexion. Il faudrait parcourir des lieues pour trouver dans l'Empire tribu plus oisive, plus turbulente et plus inculte parmi celles vivant de chasse et de cueillette... »*

Aujourd'hui encore, on présente les Molvaniens comme étant acariâtres, colériques et violents. Ce n'est que partiellement exact. Dans le fond, plein d'un **humour typiquement slave**, le Molvanien aime à s'amuser. Un certain temps d'accoutumance sera certes parfois nécessaire. **Au téléphone**, par exemple, la rudesse est considérée comme une qualité. L'hospitalité est un trait essentiel de la culture molvanienne. Comme dit le vieux dicton « *Zva grek inst ur plebum szunj* » (« Mieux vaut un étranger derrière ta porte qu'un ami là-bas sur le chemin »), dont la traduction ne rend peut-être pas tout à fait la portée, mais qui résume bien l'attitude toute de légèreté du Molvanien face à la vie.

Diverse de par sa culture, la population de Molvanie se compose principalement de trois ethnies : les **Bulgues** (68 %) qui vivent essentiellement dans le Centre et le Sud, les **Hongres** (29 %) qui habitent les villes du Nord ; et les **Molves** (3 %) que l'on trouve principalement en prison.

LES TSIGANES

Certains pays européens connaissent des difficultés internes liées aux **gens du voyage** résidant sur leur territoire. La Molvanie s'enorgueillit de ne rien connaître de tel, la majeure partie de ses gitans ayant été reconduits à la frontière ou **incarcérés**.

US ET COUTUMES

Le peuple de Molvanie n'est pas particulièrement protocolaire. Cependant, **certaines règles** régissant les relations entre personnes méritent d'être connues. Lorsqu'on rencontre quelqu'un dans la rue, on lui serre la main en s'inclinant légèrement, à moins que la personne ne soit plus âgée. Dans ce cas, on se contentera d'une discrète courbette en claquant des talons (une poignée de main serait alors extrêmement déplacée, au même titre qu'un claquement de talons en présence d'une **femme mariée** ou d'un membre du clergé). Invité chez l'habitant, par respect, on ôte ses chaussures à l'entrée, tout en se munissant d'un ustensile qui servira à frapper l'animal domestique de la famille en cas d'attaque. À l'intérieur, éviter coûte que coûte de se moucher (ou de **moucher** n'importe qui d'autre, d'ailleurs) à proximité de la cuisine. Un petit cadeau sera également apprécié – fleurs, fruits, armes à feu ou, pour les enfants, cigarettes. Il convient d'attendre que l'hôte (le *grodeg*) indique où s'asseoir. Les femmes assises sur le traditionnel matelas *fjukazl* sont invitées à ne pas croiser les jambes, surtout si elles sont installées en face du *grodeg*.

Un voyageur averti en vaut deux

À la première visite on est souvent frappé par la rudesse des gens entre eux, dans les magasins, au volant ou dans la rue. Haussements de ton et grands gestes brutaux sont fréquents ; le touriste conclura sans doute à une animosité systématique entre autochtones. À la vérité, les Molvaniens ne s'embarrassent pas de manières. Les subtilités des rapports humains ne les intéressent pas outre mesure. Pour ces gens faciles à vivre, brandir le poing ou cracher sur un membre de la famille est monnaie courante. Souvent, le nouvel arrivant se demandera quelle attitude adopter. Quel est le degré de brusquerie requis, par exemple, pour attirer l'attention d'un serveur ? Montrez-vous trop conciliant, et il vous ignorera. Montez sur vos grands chevaux, et il risque de sortir son arme. Mieux vaut pécher par excès de courtoisie : dites systématiquement « bobra *» («* merci *») à votre concierge et «* vriszi *» («* s'il vous plaît *») au serveur. Félicitez le chauffeur de taxi pour la propreté de sa voiture (il n'existe pas de formule molvanienne pour exprimer cela, mais vous pouvez toujours essayer avec les mains). En bref, jouez la carte de la politesse, vous verrez bien.*

FLORE ET FAUNE

Jadis tapissée de forêts épaisses, la Molvanie se compose aujourd'hui essentiellement de **landes**. La légende attribue la disparition des arbres à Saint Fyodor, mais l'arrivée des **tronçonneuses**, au début des années 1950, a accéléré le processus. La Molvanie est le premier producteur au monde de cornichons, de blettes et de *hvobecz*, ces petites noix amères souvent utilisées au cœur des balles de golf. Quant à la faune, la Molvanie compte le plus fort taux mondial de rongeurs au kilomètre carré. Parmi les autres espèces, on trouve des ours, des cerfs, des lynx, des sangliers et le fameux **chien éternueur de Molvanie.**

Le fzipdat, *ou « chardon en dents de scie », est l'emblème floral de la Molvanie. Ce cactus aux épines acérées est traditionnellement lancé à la future mariée. Ses feuilles à la saveur amère et astringente en font un ingrédient de choix de la cuisine locale.*

Le porc, symbole de la Molvanie, est considéré par beaucoup comme un animal sacré. Aussi ne peut-il être envoyé à l'abattoir que du lundi au samedi. Il est apprécié dans tout le pays pour sa viande, son lait et – dans les régions les plus reculées – sa compagnie.

SPORTS

Comme tant d'autres nations, la Molvanie adore le football. Malheureusement, les résultats de l'équipe nationale demeurent modestes au plan international, surtout depuis l'instauration de contrôles antidopages surprise. Le joueur le plus connu est sans conteste **Viordar Czervkle** (« Cze » pour ses admirateurs), dont le nom figure sur maints tee-shirts et posters. À la grande déception de ses fans, Cze a dû interrompre sa carrière, suite à une grave blessure : en 1996, il fut suspendu pour avoir asséné un **coup de boule** à un arbitre croate, à l'occasion d'une rencontre amicale.

Le stade de Lutenblag (le *Lutenstaad*) fut édifié en 1985 – la Molvanie espérait alors accueillir la Coupe du Monde de 1994. Cette candidature ne fut malheureusement pas retenue, et le terrain n'a plus été entretenu depuis. Conçu pour recevoir 80 000 spectateurs, le stade accueille désormais concerts rock et **pendaisons publiques**.

Les « Invincibles » de l'Interblag F.C, juste avant leur défaite de 1995 en demi-finale (Viordar Czeverkle est le deuxième debout en partant de la droite).

Le Stade de Lutenblag (le Lutenstaad).

L'enfant du pays !

Le plus célèbre pentathlonien de Molvanie, Hzerge Voldarj, natif de Sasava, a été formé à l'Institut Medekina Anabolika de Lutenblag avant d'être choisi pour représenter son pays en 1982 au biathlon moderne des Jeux olympiques d'hiver. Il menait la course lorsqu'il fut tragiquement disqualifié à l'épreuve de tir, après s'être instinctivement détourné de la cible pour dégommer un lièvre. Voldarj se retira de la compétition internationale. Il anime actuellement sa propre émission télévisée sur le sport, *« Qkestjons purn schjampjon »*.

Sport typique de la Molvanie, le **plutto** se situe à mi-chemin entre le jeu de crosse et le polo sur âne. Ces animaux sont dressés spécialement, ceux aux grandes oreilles étant les plus prisés. Le samedi après-midi, les parcs locaux et autres stades vibrent au « *bzoukal ! bzoukal !* » des spectateurs (littéralement « égorge-le ! ») encourageant leurs favoris.

Autre sport national de Molvanie, bien sûr, la chasse. Les enfants apprennent à tirer dès leur plus jeune âge. Le **sanglier** est sans doute la proie la plus commune. À noter : la chasse ouvre à la mi-octobre et dure jusqu'à extinction des **munitions**. Parmi les autres gibiers de prédilection, citons le canard, l'oie, le renard, l'ours sauvage, le panneau routier et le lapin. Attention, seuls les détenteurs d'un **permis de chasse** (et les membres de leur famille) ont le droit de chasser.

La flamme olympique...

La Molvanie peut se targuer d'un glorieux passé olympique. Elle a récolté des médailles aux Jeux d'hiver comme aux Jeux d'été. Pendant l'ère communiste, le pays détint le record du plus grand nombre d'athlètes étant passés à l'Ouest, l'apogée se situant pendant les J.O. de Montréal, lorsque l'équipe entière tenta de quitter le navire en pénétrant dans le stade sous un drapeau blanc.

L'Open de Tennis de Molvanie est l'un des rares tournois de l'ATP se disputant sur une surface qui combine herbe et terre battue.

Klodd, le plus grand champion de plutto encore vivant, chevauchant son fier destrier.

RELIGION

Les Molvaniens sont profondément religieux. La plupart sont membres d'une église, ou du moins bénéficient de ses largesses. La foi la plus étendue est la religion **baltique orthodoxe**, dont le culte est très proche du catholicisme (si ce n'est que les catholiques défendent avec moins de vigueur la théorie de la platitude terrestre). Les congrégations baltiques orthodoxes sont autorisées à fumer dans l'église. Les adeptes de cette religion millénaire vous diront, non sans fierté, qu'un des voleurs crucifiés avec le Christ était de Molvanie.

De nombreux dévots font chaque année le pèlerinage jusqu'au tombeau de **Saint Ulgmat**, à Jzerbo. C'est ici qu'en 1534 deux bergers, s'en revenant d'une auberge locale, prétendirent avoir eu une vision. Cette **apparition** fut si puissante qu'ils s'endormirent d'un sommeil de plomb. Au réveil, le lendemain, leur vue était trouble, et leur mal de tête sévère.

Pour **pénétrer** dans une église, on se vêtira convenablement ; les femmes arboreront une robe et si possible un chapeau, les hommes auront au moins un bouton de chemise attaché.

Durant la **semaine sainte**, du dimanche des Rameaux jusqu'à Pâques, on ne mange pas de viande. À partir du vendredi saint, les couples mariés s'abstiennent de toute violence domestique.

Vive la mariée...!

En Molvanie, le mariage est un grand événement et fait l'objet d'un rituel élaboré. Traditionnellement, les futurs époux commencent par observer un jeûne de 24 heures. Ensuite, la future mariée a interdiction de quitter la maison, et le futur mari descend au bistrot. Le grand jour approchant, la jeune mariée est ointe d'huiles parfumées, son corps est entièrement épilé* et on la pare de vêtements somptueux. La cérémonie proprement dite est joyeuse et dure longtemps, suivie d'un festin où l'alcool coule à flot – après quoi les heureux mariés sont conduits dans des chambres séparées pour consommer leur union.

* *Dans les régions nord de la Molvanie cette phase du protocole dure souvent plusieurs jours.*

Saint Fyodor – saint patron de Molvanie (1507–1563)

Saint Fyodor est né en 1507 dans une famille aisée de propriétaires terriens. À 4 ans, il épate les aînés de la congrégation en vidant une cuve entière de **vin de messe**. Ce haut fait religieux sera réitéré à maintes reprises. De sa mère, Fyodor hérite de manières douces et d'une pieuse dévotion. De son père, il hérite de la goutte. C'est à l'âge de 10 ans que Fyodor connaît sa première crise de piété : envoyé pour travailler sur la ferme familiale, il refuse de sortir, « pour prier et méditer, conformément à la volonté de Dieu », dit-il. Sa ferveur est telle que le jeune homme ne sortira que pour manger et pour les jours fériés. Il jeûnera alors jusqu'à trois heures consécutives en l'honneur du Seigneur.

Fyodor est un homme de contradictions. Lorsque la demeure paternelle brûle, il ne s'en émeut guère, les biens terrestres étant à ses yeux de peu d'importance. Mais peu après, il manquera de tabasser à mort un homme lui ayant dérobé son **luth**, au cours de ce que les théologiens considèrent comme un accès de ferveur mystique.

Grand ami des pauvres, Fyodor manifeste un intérêt particulier pour les jeunes femmes célibataires. Il leur rend visite à toute heure du jour et de la nuit, muni seulement d'une Bible et d'une bouteille de **vin sacramentel**. Il prêche l'Évangile et offre l'imposition des mains à celles qui se prosternent devant lui.

Saint Fyodor vénère tellement le Seigneur qu'à 21 ans, sur injonction divine, il renonce à tout mouvement. Il restera assis au coin du feu pendant des mois, refusant toute nourriture (hormis ses trois repas quotidiens plus un goûter). Il lui arrivera de disparaître pendant de longues périodes sans donner d'explications. À son retour, son élocution est approximative et sa **démarche chancelante** – signe, selon lui, que l'Esprit Saint l'habite.

À 56 ans, il pèse plus de 100 kg et est arrêté par la **milice protestante,** qui exige qu'il renonce à sa foi, sous peine d'être tué. Fyodor refuse, arguant calmement que le Seigneur le protègera. Il sera ligoté à un arbre, fouetté, criblé de flèches, puis décapité. « *Copra sanctum* » (« sainte merde ») seront ses dernières paroles.

Saint Fyodor sera béatifié par le pape Paul en 1617, canonisé par le pape Grégoire XV en 1623 et, en 1982, apparaîtra à titre posthume dans un épisode de la version molvanienne de « Sacrée Soirée ».

On trouve des reliques de ses sous-vêtements à la chapelle Saint Fyodor de Lutenblag.

Extrait de Vies des saints (PUV – Presses Universitaires du Vatican)

LANGUE

Le molvanien est une langue ardue. Elle comporte **quatre genres** : masculin, féminin, neutre et le nom collectif pour « fromages », qui occupe toute une sous-section du nominatif. On trouvera de nombreux **verbes irréguliers**, archaïsmes, mots à sens multiples et certains sons phonétiques que les linguistes considèrent soit comme un dialecte rare, soit comme un raclement de gorge paysan. Ceci ajouté aux lettres silencieuses fait qu'il est extrêmement difficile de maîtriser la langue. On peut toujours, comme certains, truffer les mots de « j » ou de « z » au petit bonheur, mais c'est sans garantie.

Il est peut-être préférable de retenir quelques « phrases utiles » présentées sur la page de droite. La structure syntaxique du molvanien littéraire peut se révéler complexe, les auteurs utilisent par exemple facilement la triple négation. Exemple :

« **Puis-je boire l'eau ?** »

devient « **Erkjo ne szlepp statsik ne var ne vladrobzko ne** »

(mot à mot : « N'est-ce point que l'eau n'est guère pas imbuvable ? »)

Heureusement le molvanien courant est plus simple.

Pour « **Puis-je boire l'eau** ? »

on dira « **Virkum stas** ? » (tout en se tenant le ventre pour mimer des troubles gastriques).

Pour les personnes désireuses d'apprendre le molvanien, il existe à Lutenblag une école privée qui offre un cours d'été intensif. Certains y verront un moyen formidable de s'immerger dans la culture et les traditions de Molvanie. Pour les autres, ce sera du **temps perdu**. Des étudiants nous rapportent que le professeur Hzocbeter peut se montrer un brin agressif, surtout en matière de verbes irréguliers.

L'Institut privé des langues de Lutenblag (the Linguistikprivatakademiekallutnblaag).

PHRASES UTILES

EXPRESSIONS COURANTES

Zlkavszka	Bonjour
Grovzsgo	Au revoir
Vrizsi	S'il vous plaît
Brobra	Merci
Wakuz Dro Brugka Spazibo	Bonne chance (*littéralement* « Que Dieu t'envoie un âne vigoureux »)
Sprufki Doh Craszko?	C'est quoi cette odeur ?
Dyuszkiya trappokski drovko?	Pleut-il toujours autant ?
Kyunkasko sbazko byusba?	Où est le papier toilette ?
Togurfga trakij sdonchskia?	Qu'est-il arrivé à vos dents ?

EXPRESSIONS MOINS COURANTES

Frijyhadsgo drof, huftrawxzkio	Encore à manger, aubergiste.
Ok hyrafrpiki kidriki	Quels beaux enfants !

EXPRESSIONS TRÈS RARES

Krokystrokiskiaskya	À très bientôt.

La langue fourchée...!

Le Département d'État Américain classe les langues par difficulté, selon le temps nécessaire à leur aprentissage. On affecte à l'espagnol une période de 5 mois. Le nord coréen et l'arabe : 24 mois. Le molvanien réclame officiellement 16 années, et se révèle donc la plus difficile des langues. Le DEA avance diverses raisons, l'une d'elles étant qu'un même mot peut être à la fois un compliment et une insulte, selon la gamme dans laquelle il est vocalisé.

SOS SANTÉ !

EN RAISON DU GRAND NOMBRE DE SONS GUTTURAUX, LES PERSONNES SOUHAITANT APPRENDRE LE MOLVANIEN SONT INFORMÉES DES RISQUES D'ENTORSE DU LARYNX QU'ILS ENCOURENT EN CAS DE TENTATIVE DE PRONONCIATION DE PLUS DE QUELQUES PHRASES COURTES.

ALIMENTATION et BOISSONS

Un mets local délicieux : la graizdechvjal.

Les Molvaniens adorent sortir – pour se rendre en France ou en Allemagne, en particulier. Ceux qui choisissent de se restaurer à l'intérieur des frontières y trouvent matière à une **expérience culinaire inoubliable**.

Il n'y a qu'en Molvanie que l'on peut se régaler d'une *graizdechvjal* (délicieuse **viande marinée**) accompagnée d'un verre de *zeerstum*, liqueur décrite par un lecteur comme un « mélange de vodka et de carburant pour avions » – ce qui est compréhensible, puisque les deux ingrédients sont abondamment disponibles.

Les Molvaniens ont une dent contre les mets salés – souvent la seule qui leur reste, d'ailleurs, à force d'ingurgiter une **alimentation exagérément sucrée**. Les nombreux desserts - presque tous à base de **panais** - sont un régal.

Les cafés à l'américaine sont légion, mais les vieilles habitudes ont la peau dure. Le matin, sur le coup de 11 heures, vous verrez de vieux Molvaniens au comptoir, sirotant des tasses de *zvadovar*, cet **extrait de chicorée** ultra-sucré, tout en gardant au bec leurs cigarettes à bout-liège.

Un voyageur averti en vaut deux

Savourer un zvadovar au café est un bon moyen d'apprécier l'atmosphère ambiante. Mais s'asseoir en terrasse peut être onéreux. Mieux vaut s'installer au comptoir avec les locaux. Attention néanmoins à la surtaxe, si le coude entre un contact avec la surface du bar.

Les vins de Molvanie sont exportés dans le monde entier. Pas étonnant : personne, sur place, n'est disposé à en boire.

Pour ceux qui éprouveront le besoin de se ressourcer au fast-food, signalons l'implantation de plusieurs Burger King, McDonald's et autres KFC - en dépit des réticences de groupes locaux opposés à l'invasion de la gastronomie **made in USA**. Un accord a finalement été trouvé : tous les produits vendus dans ces fast-foods contiennent au minimum 12 % de **chou** du cru, à l'exception des milkshakes (10 % seulement). On appréciera aussi la restauration rapide locale, dont **Zitz Pizza.** « Une deuxième part gratuite », annonce l'alléchant slogan – politique commerciale au demeurant peu onéreuse, tant il est rare que le client se resserve.

En principe, les restaurants de Molvanie sont plutôt bon marché. Mais sachez décrypter le menu, et gare aux **suppléments** qui grèveront votre budget – 10 % pour le service ; 20 % si vous désirez des couverts. Dans les plus grandes villes, vous paierez une majoration pour avoir un serveur à moustache.

L'alcool se trouve partout en Molvanie : bars, restaurants, cafés, supermarchés, églises.

La boisson locale...

L'une des boissons les plus populaires est le *turpz*, un vin blanc parfumé à la résine de chêne. Surprenant au début, ce breuvage fruité finit par séduire. Une fois qu'on y a goûté, difficile de s'en passer – en raison de la nicotine qui entre dans sa composition.

Le poisson en bocal !

L'un des mets les plus recherchés est l'*ovza*, le caviar local à base d'œufs de carpe d'eau douce. Légèrement aigre avec un arrière-goût amer, la laitance est généralement salée, bouillie, attendrie, puis conservée dans l'huile pendant plusieurs années avant d'être servie en garniture.

Si la Molvanie n'a pas de côte, les Molvaniens n'en apprécient pas moins les fruits de mer. Belle prise pour ce pêcheur du lac Vjaza, qui inspecte le taux de mercure de son poisson.

MUSIQUE

FOLKLORE

Le riche passé musical de la Molvanie remonte au Moyen Âge, lorsque les **bergers** jouaient de la *kvkadra* (simple corne en cuivre servant à effrayer les loups). Malheureusement, cet instrument eut le même effet sur le public. Aussi l'objet fut-il modifié au XVIe siècle pour devenir ce qu'on appelle à présent une *zjardrill* (biniou en peau de bouc, dont on gonfle les soufflets avec le coude gauche, tout en actionnant une série de pistons et d'anches sur le clavier). En raison de sa **complexité technique**, le *zjardrill* n'émettait que trois notes. Une riche tradition populaire se développa pourtant. Aujourd'hui encore, on peut entendre ces instruments, surtout dans les régions les plus isolées où l'on se réunit pour des **danses traditionnelles**, telle la *mzazeruk*, où trois jeunes femmes se trémoussent en une **gigue énergique**, tandis qu'autour, les hommes essayent de les tripoter.

CLASSIQUE

La musique classique a aussi joué un rôle important dans l'histoire culturelle de Molvanie. Le grand **Tzozar Czevkel** (1772-1821) est encore aujourd'hui considéré comme ayant été l'un des compositeurs les plus prolifiques de son temps. Né à Gyrorik quelques années seulement après Beethoven, ce maestro eut beaucoup en commun avec son contemporain allemand. Les deux hommes connurent la pauvreté et une forme de surdité – Czevkel n'avait en fait absolument **aucune oreille**, handicap qu'il surmonta pour produire une œuvre pléthorique, comprenant de la musique de chambre, des messes et des danses. Son « concert pour tuba et triangle en *mi* bémol mineur », quoique peu joué, reste l'une des œuvres les plus remarquables de l'histoire symphonique.

Live à la radio ! S'il n'y a pas de bande FM en Molvanie, on peut néanmoins écouter de la musique pop sur la bande AM ou, mieux, sur la CB (« Cibij »).

L'autre grande figure de la musique classique en Molvanie fut **Azmon Dirj** (1856-1879), « le père de la double croche ». Dirj composa plusieurs opéras qui rendirent à la perfection la joie essentielle, la dignité et la puissance de la condition humaine. Qu'il ait réussi ce tour de force sans déborder du cadre de la **polka** en dit long sur l'ampleur de son talent. Nombre d'œuvres de Dirj sont encore jouées à l'Opéra National de Molvanie. L'ensemble néoclassique se produit tous les soirs au TNL (**Théâtre National de Lutenblag**). On peut y louer des casques audio pour jouir de la traduction simultanée, ou tout simplement se boucher les oreilles.

CHORALE

Il serait déraisonnable de visiter cette partie du monde sans goûter aux harmonies des **Petits Chanteurs de Molvanie**. Malgré de vilaines rumeurs portant sur les activités "extra-scolaires" du chef de chœur (accusations finalement réfutées par un tribunal suisse), ces jeunes chanteurs continuent de nous ravir. Un conseil : allez les voir maintenant, avant que ne soient votées les lois **anti-castration**.

Spatzal !

Deux filles, un gars et un travesti constituent Spatzal !, le plus illustre groupe pop de Molvanie, qui se classa cinquième au concours de l'Eurovision 1998 avec leur titre *dance* « Vlarsh ei Czolom » (« Pour une baizer de toit »). Malheureusement, le groupe s'est séparé en 2001 (le bassiste Vron Gzapaov aurait un album en préparation). Leur influence fut telle que des groupes s'inspirant de Spatzal ! se produisent encore en région baltique.

Après le succès de leurs albums précédents, « **Im' Ready From Yuo !** *» (1993) et «* **Hey Beautifiouls !** *» (1994), «* **Let's Rock !** *» (1996) fut un disque historique. Selon* Rolling Stone, *c'est le premier album molvanien au titre anglais correctement orthographié.*

THÉATRE, ART et LITTÉRATURE

Dans les années 1920, la Molvanie était la capitale dramatique de l'Europe, emmenée par le légendaire poète et dramaturge marxiste **Jurzse Vepcojat** (1897-1946). Vepcojat révolutionna les **arts dramatiques** en inventant une forme théâtrale nouvelle, dans laquelle l'auteur vise délibérément à aliéner son public – approche qui a connu un succès considérable, et continue aujourd'hui d'influencer les dramaturges de Molvanie.

Aujourd'hui encore les pièces de Vepcojat peuvent vider une salle en quelques minutes dès la première.

La Molvanie possède de nombreuses œuvres d'art remarquables, la plupart ayant été pillées à l'Italie à la fin du XVIIe siècle. Quant aux artistes du cru, le plus grand est incontestablement **Jzacol Rebljeten** (1583-1611). Rebljeten fut cet artisan méticuleux qui devait sa connaissance pointilleuse de l'anatomie aux nombreuses heures passées à disséquer des cadavres. Connaissance qui paradoxalement ne lui fut guère utile, puisqu'il ne peignit jamais que des paysages. Rebljeten produisit néanmoins certaines des œuvres les plus significatives d'Europe centrale. Il entra dans l'histoire en **distordant délibérément** les proportions de ses sujets. Pour de nombreux spécialistes, il prenait ses distances avec le **Naturalisme** pour se rapprocher d'un certain Maniérisme. D'autres suggérèrent qu'il n'était tout simplement pas très bon en dessin. Quoi qu'il en soit, ses œuvres sont exposées dans toute la Molvanie.

Le principal mouvement artistique de Molvanie fut l'initiative du groupe dit *Sverkj Krempzes* (« Les Peintres judiciaires ») qui émergea au XXe siècle, lorsque les patrons de la mafia locale commandèrent des toiles pour immortaliser leurs apparitions dans les tribunaux.

En matière de littérature, la longue et riche histoire du pays ne laisse que l'embarras du choix. Le nationaliste paysan **Bratislav Demko** (1734-1789) unanimement salué, écrivit du théâtre, des romans et de la poésie satirique. Son œuvre la plus connue est le poème épique « Gorzenmko ur Turj » (« Mon cœur battant »), 12 volumes de versification éminemment allégorique et stylisée, décrivant la fortune d'une famille ouvrière de Molvanie. Les érudits y voient l'une des œuvres les plus significatives jamais lues par personne.

HUMOUR

On décrit souvent les Molvaniens comme butés et dénués d'humour. En vérité, ils aiment autant rire que tous les Européens de l'Est. Cependant, l'ironie molvanienne peut de prime abord dérouter. Plaisanterie typique : **« Dans les bois, un chasseur trouve un coffre rempli de pièces d'or. "Cela appartient sans doute à quelqu'un de très riche", se dit-il, et il décide d'attendre le retour du propriétaire pour le détrousser ! »** [La blague étant qu'il aurait pu simplement prendre les pièces – ce qui lui aurait épargné une longue attente et un délit.]

Les Molvaniens aiment à rire – surtout des autres.

JOURNAUX, FILMS, VIDÉOS

Il existe en Molvanie un journal de langue anglaise, le *Lutenblag Today*, destiné aux touristes. En raison de sa périodicité (mensuelle), certaines nouvelles ne sont pas de dernière fraîcheur.

Les Molvaniens sont cinéphiles, et **les salles de cinéma sont nombreuses**. Le choix est varié, allant des succès de Hollywood aux films indépendants de réalisateurs locaux, tel **Jzan Zetwiski**. Considéré comme un maître du cinéma d'auteur, Zetwiski décrit ses films comme « des fables modernes explorant les thèmes de la moralité et de la beauté dans un univers aléatoire ». D'aucuns parleront de « **porno européen bas de gamme** », soulignant les différents niveaux de lecture de l'œuvre de ce jeune cinéaste visionnaire.

Si vous allez au cinéma en Molvanie, n'oubliez pas : la plupart des films sont doublés et/ou sous-titrés. Évitez les films doublés. Tous les doublages semblent en effet assurés par les deux mêmes acteurs, l'un étant affecté d'un **bégaiement non négligeable**.

Les amateurs de vidéos apprécieront les nombreux vidéo-clubs. Seul problème : dans les années 1980, la Molvanie a choisi le système Beta, « la voie du futur ». Heureusement, il est possible de louer des magnétoscopes Beta, ainsi que des magnétophones huit pistes et des consoles « Space Invaders ».

Nouveau multiplexe huit écrans récemment ouvert à Lutenblag, malheureusement équipé, pour l'instant, d'un seul projecteur.

TÉLÉVISION

En Molvanie, la télé n'est pas de bonne qualité. Il existe trois chaînes du service public : Telemolva 1, Telemolva 2 et **Telemolva Plus**, la chaîne payante, en couleur.

Ces chaînes proposent toute une mosaïque de séries slovaques bon marché, de matchs de football et de films mal doublés. Les infos « **Molva Newsk** » dressent un bilan quotidien des arrestations de membres du gouvernement.

Si la plupart des émissions sont diffusées en molvanien, le meilleur moyen d'avoir un aperçu du paysage culturel consiste encore à allumer la télé. Une journée typique se présente ainsi :

8 h 30 **Telemolva Jeunessia**
(dessins animés, infos, avis de décès).

10 h 05 **Alertzj a Malibijk**
Série slovakienne. Brianwk apprend que Jwlennifer a rejoint le maître-nageur Marjk sur sa barque à harengs.

10 h 45 **Programmes momentanément interrompus.**
En raison de problèmes techniques.

15 h **Hitz Maschinsj**
Les meilleurs *tubj* (tubes) de l'année, présentés par Arill Dombsll avec Rok Voijsnn, Larria Ffabianl et Frnzizscj Kabrll.

17 h **Vidjeo Gagj**
Jalousies entre voisins, meurtres crapuleux, armes à feu… L'une des émissions les plus populaires.

18 h 49 **La chansz oj chanszons**
Émission de variété présentée par Maritisk et Dj Gilbrt Karpentrz, avec Paskl Sevrr.

19 h **Le Kjournll**
Les dernières nouvelles, en direct du centre névralgique de Lutenblag.

19 h 30 **Molva Newsk !**
Magazine d'investigation et tirage en direct du *lottohj* (le loto).

20 h 30 **Sasava Polikj d'Etaj**
Série policière. Deux flics, dont l'Inspektor Derrjk, enquêtent sur de mystérieuses disparitions entre Lublova et Vajana. Arriveront-ils à temps pour sauver la jeune Zarlin des griffes du *szalloppard* (tueur en série) ?

22 h **Fin dj Progrm**
Le Père Jzerco Mzemet (cf. photo) propose prière et recueillement pour clore la journée.

22 h 02 **Sxjs a gogoj**
Longs métrages XXX, dont *Bonnes sœurs lesbiennes en furie*.

QUAND S'Y RENDRE

En Molvanie, chaque saison présente des avantages. Le printemps et l'automne sont très humides ; l'hiver connaît un **froid glacial**. En été, la **chaleur peut être oppressante**. En juillet, à la pleine saison, le pays est envahi de bus en provenance de Slovénie. Ceux qui voudront éviter les hordes de touristes choisiront la « morte saison » – autrement dit l'hiver ou pendant le **Lutenblag Jazz Festival**. De nombreux voyageurs aiment à faire coïncider leur venue en Molvanie avec les congés locaux – les Molvaniens, en effet, adorent festoyer.

PRINCIPALES FÊTES

* 2 FÉVRIER	**La Saint-Fyodor**. L'anniversaire du saint patron de Molvanie est jour de fête nationale. Défilés, messes et gigantesque foire internationale à l'armement.
* MARS	Visitez la pittoresque ville à flanc de coteau de Lublova pour sa traditionnelle **course de taureaux** : un troupeau effrayé détale devant un groupe de jeunes hommes armés jusqu'aux dents. Barbecue en fin de journée.
* MARS/AVRIL	**Pâques** est un événement majeur en Molvanie. Dans chaque bourg, les habitants se parent de leurs costumes traditionnels. Au programme : musique, danses et femme du voisin.
* AVRIL	La tradition du festival de **Spiegelglaz** veut que, dans chaque bourg, les villageois dansent et chantent pour célébrer le printemps. Malheureusement, les festivités sont souvent annulées pour cause de pluie.
* 1er MAI	**Ouverture de la chasse** (qui dure jusqu'au 30 avril). Grand rendez-vous populaire en Molvanie, où canards, cailles et faisans figurent sur la liste des espèces en voie de disparition.
* JUIN	Le **Festival du Film de Lutenblag** convie des réalisateurs de toute l'Europe. Généralement, seuls les Bulgares et les Roumains acceptent l'invitation.
* 6, 7 ou 14 JUILLET	**Journée Nationale de l'Unification** de la Molvanie. Des différends subsistent néanmoins quant à la date exacte de l'événement.
* AOÛT	La **parade militaire** se déroule chaque année sur les propriétés du Palais de Lutenblag. La *Kavalerij Rojal On Icej* (sur glace) procède à la fameuse « descente de cheval en dérapage ». La foule retient son souffle, même après que l'écran s'est éteint et que les lumières se sont rallumées.
* OCTOBRE	La **Fête du Cochon** est à ne pas manquer. Elle commence le dernier dimanche d'octobre et s'achève une fois que le sang a coagulé.
* DÉCEMBRE	En Molvanie, Noël tombe le 27 décembre. Les habitants peuvent ainsi passer la frontière et profiter des soldes pour leurs cadeaux.

SÉCURITÉ, CRIMINALITÉ

La Molvanie a beau être un pays sûr, le voyageur doit néanmoins savoir que les vols et la violence existent. Les **pickpockets** sont présents dans les **principales gares**. Ne quittez pas vos affaires des yeux. S'il vous manque quelque chose, le mieux est d'aller voir un *Guarjda Civilje*. Il est fort possible qu'il soit l'auteur du larcin.

À éviter également : le quartier de Sklertzen, au cœur de Lutenblag, où sévissent des membres de la mafia. À la nuit tombée, ce quartier devient **chaud**, avec ses clubs de strip-tease mal fichus. Quel spectacle que ces hommes d'affaires véreux garnissant de dollars les porte-jarretelles des plus vieilles prostituées des Balkans !

Si vous devez porter plainte, n'oubliez pas qu'il existe 17 bureaux différents de la *polizi*, chacun s'occupant d'un domaine précis. Pour un accident automobile, par exemple, voir avec la *Polizi Autzo* (tel 133) ; pour une **agression violente**, contacter la *Polizi Hzuomo* (tel 128). Dans le cas improbable d'un acte de **piraterie internationale**, joindre la *Polizi Aquza* (tel 142).

Quoique tolérante, la police de Molvanie n'hésitera pas à verbaliser pour des infractions mineures tels que les excès de vitesse ou l'ivresse sur la voie publique, que le contrevenant soit un local ou un touriste. Des peines de prison sont prévues pour les forfaits plus graves : coups et blessures, vols ou allaitement au sein en public.

Ce qu'en dit Philippe Miseree...

“Les touristes craignant les pickpockets ou les agressions, c'est pathétique. Pour moi, être la victime d'un délit est un aspect essentiel du voyage. Une fois, en me réveillant dans un hôtel minable de Lutenblag, je me suis rendu compte qu'on m'avait volé portefeuille, appareil photo et un rein – quelle expérience !”

P.M.

Malheureusement, même le commerce des œufs n'échappe pas au contrôle de la pègre.

VOYAGER SEULE

En Molvanie, les femmes ne rencontreront pas de problèmes spécifiques, hormis les habituelles **agressions**, vols à main armée et autres harcèlements sexuels typiques des pays de l'Europe de l'Est. Une alliance (à l'annulaire gauche) vous évitera de subir des avances. Mais fera de vous une cible de choix pour les voleurs gitans.

LES VOYAGEURS HANDICAPÉS

La Molvanie joue la carte de la modernité : depuis 1985, les handicapés ont le droit de **faire la manche** sans permis.

COMMUNAUTÉ HOMOSEXUELLE

Bien que conservateurs, les Molvaniens ont récemment fait un grand pas en avant : les hommes ne sont plus obligés de porter la moustache. Dans les grandes villes, **l'eau de toilette** est même autorisée. Officiellement, les visiteurs font comme bon leur semble. Néanmoins, toute manifestation d'affection vous vaudra probablement un châtiment en public.

Les touristes gays sont partout les bienvenus. Mieux vaut néanmoins ne pas se faire remarquer.

Par ici la monnaie !

Comme dans presque toute l'Europe de l'Est, beaucoup de faux billets circulent. Le visiteur scrutera minutieusement les *stroubles*, en étudiant la qualité du papier, les taches d'encre et les fautes d'orthographe : les billets ne présentant pas de telles caractéristiques sont probablement des faux.

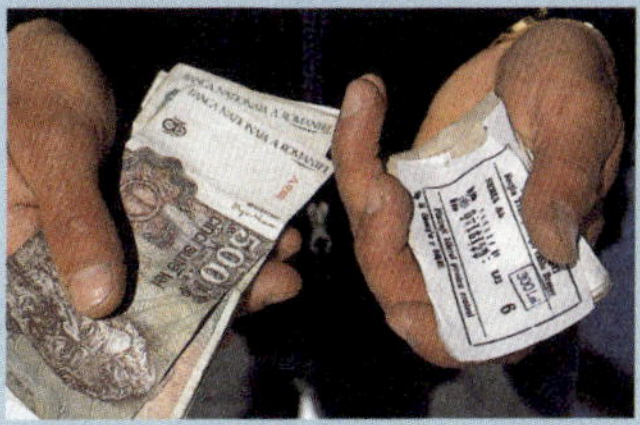

RENSEIGNEMENTS PRATIQUES

ÉLECTRICITÉ

Disponible pratiquement partout, à l'exception des régions les plus isolées. S'appuyant sur de sérieuses études numérologiques, la Molvanie a choisi le courant à 37 volts. Pour utiliser des appareils électroménagers fabriqués en dehors de la Molvanie, un transformateur sera nécessaire.

À noter : S'assurer que l'appareil possède une prise de terre et qu'aucun liquide inflammable ne se trouve à moins de trois mètres à la ronde.

MONNAIE

1 strouble (Ꞩ1) = 100 zalops (100z)

En période de guerre ou de crise économique, l'ail est souvent accepté comme monnaie d'échange. Depuis la dérégulation, le strouble a connu des hauts et des bas sur les grandes places financières, enregistrant dernièrement une dépréciation significative. Aujourd'hui, avec un taux d'inflation inférieur à 28 %, une certaine stabilité a été rétablie.

En période de récession, l'ail est officiellement accepté comme monnaie d'échange.

LA PETITE BÊTE QUI MONTE

Les insecticides sont absolument nécessaires - ultra-puissants de préférence. La Molvanie est en effet le paradis des petites bêtes : moustiques (janvier-mars), guêpes (février-mai), moucherons (avril-août), perce-oreilles (août-octobre) et sangsues (toute l'année).

PHOTOGRAPHIE

Avec ses villages pittoresques et ses vues imprenables, la Molvanie est un éden pour le chasseur d'images. Généralement, les gens sont contents d'être pris en photo mais, de grâce, pensez à demander d'abord la permission.

À noter : Ne jamais photographier de gitans sans autorisation explicite et un plan d'évasion.

PASSEPORTS

Un passeport valable sera exigé à chaque passage de frontière. Certains visiteurs indésirables se verront refuser l'entrée en Molvanie : criminels, personnes ayant eu des liens avec une organisation terroriste, végétariens...

COMMENT S'Y RENDRE

Avion. L'Aeromolv, la compagnie aérienne de Molvanie, fit couler beaucoup d'encre en 2000 quand ses pilotes se mirent en grève pour protester contre le projet gouvernemental d'interdire la consommation d'alcool deux heures avant le décollage. La flotte se compose essentiellement de vieux B-717 ; les passagers embarquent par la trappe du train d'atterrissage avant. Certaines compagnies proposent des tarifs avantageux aux voyageurs prêts à renoncer au luxe de la restauration en vol et du matériel de navigation.

Le commandant Jelso Vrboska, pilote en chef de l'Aeromolv, termine les contrôles de routine avant le décollage.

Bus. Le bus relie Lutenblag et d'autres villes de province à la plupart des métropoles d'Europe. Les compagnies d'État sont généralement les plus fiables. Éviter les opérateurs privés aux tarifs « étudiés » de Slovénie et de Pologne, dont la prestation vous obligera souvent à passer la frontière dans un container hermétiquement fermé.

COMMENT S'EN ALLER

La taxe de départ s'élève à 3000 Ꞩ – l'une des plus élevées d'Europe. Mais la plupart des visiteurs s'en acquittent volontiers. Il faudra aussi remplir un formulaire de départ. De nombreux lecteurs en ont déploré la nature parfois intrusive, incluant contacts sexuels et numéros de téléphone.

À noter : Il n'est pas obligatoire d'y répondre – toutefois, les agents de l'Immigration apprécieront.

COMMENT CIRCULER

L'auto est le moyen de locomotion le plus prisé ; le réseau routier a cependant du mal à répondre à la demande. Lutenblag et Svetranj sont reliées par l'une des rares Autobahns pavées d'Europe. Attention, en Molvanie, on roule à gauche – cette règle s'assouplit à la période de Noël et pendant les congés. Toute voiture doit céder la priorité aux tracteurs ; les enfants de moins de douze ans n'ont pas le droit de s'asseoir à l'avant (idem pour le bétail). Dans les grandes villes, les parkings sont repérables à la ligne bleue et au panneau précisant les plages de stationnement. Les secteurs où il est interdit de stationner sont quant à eux repérables par un rond rouge autour d'une tête de mort.

DOUANES, CIRCULATION DES MARCHANDISES

Il existe des règles très strictes concernant les importations de marchandises en Molvanie. Chaque visiteur a le droit à un maximum de 2 500 cigarettes (1 500 pour les enfants). Pour l'alcool importé dans le pays, il n'existe techniquement aucune limite. Cependant, avant de vous laisser entrer, les douaniers réclament souvent que vous ouvriez une bouteille, de manière à en tester le contenu. Quant aux exportations de vin de Molvanie, aucune restriction n'est imposée – en fait, le gouvernement offre des subventions en espèces à quiconque accepte d'emporter deux douzaines de bouteilles ou plus.

HÔPITAUX, PHARMACIES

Fini le temps où il fallait apporter sa **trousse de premiers secours** et ses réserves de sang*. Dans la plupart des grandes villes, les pharmacies ont les principaux médicaments (pour guérir coliques, maux de gorge et syphilis). Vous pourrez y acheter de l'Immodium, des Tampax, de l'aspirine et une **pilule contraceptive** si puissante qu'une dose suffit pour ne pas tomber enceinte pendant cinq ans. Dans les bourgades les plus éloignées, on se procurera des médicaments à l'épicerie la plus proche. Il faudra néanmoins se méfier des **médicaments bon marché** avec la mention « *zve crojezn ub* » (« réservé aux animaux »).

Cliniques et médecins pratiquent des interventions chirurgicales dans toute la Molvanie. La plupart des grandes villes ont leur hôpital. **L'hôpital public de Lutenblag** propose un large service de consultation externe. C'est aussi l'un des rares en Europe à offrir un service d'autopsie 24h/24.

TOILETTES

Les toilettes publiques (*urinjaztkis*) de Molvanie sont plus nombreuses et plus propres que naguère. Généralement, vous verserez de 40 à 50 Ꞩ à un préposé, lequel vous tendra en échange du papier toilette et une décharge par laquelle vous renoncez à toutes poursuites concernant les dommages physiques ou psychologiques contractés lors de votre visite. Dans les régions les plus retirées, les toilettes publiques sont quasi inexistantes. « Pris de court », l'habitant se soulagera contre un arbre, un muret ou un monument officiel.

Toilettes hommes et toilettes femmes en Molvanie.

EAU FROIDE, EAU CHAUDE

Les questions de robinetterie peuvent s'avérer déroutantes, d'autant que les conventions changent selon la situation géographique. À Lutenblag et dans la plupart des villes occidentales, le robinet d'eau chaude est à gauche, celui d'eau froide à droite, les deux se tournent dans le **sens contraire des aiguilles d'une montre**. Dans l'Est et dans certaines régions montagneuses du Sud, le schéma est inversé, les robinets fonctionnant grâce à une manette située à gauche du robinet d'eau chaude ou à droite du robinet d'eau froide, c'est selon.

* *Encore qu'aujourd'hui cela reste une précaution judicieuse.*

EAU POTABLE

En dépit de progrès récents la question de l'eau potable est encore préoccupante dans l'ensemble de la Molvanie. En faisant bouillir l'eau avant de la boire, vous vous débarrasserez des principaux risques de **contamination bactériologique**. Le taux de plomb dans l'eau reste cependant supérieur aux normes (voir « Famille royale de Molvanie »). L'eau minérale est disponible, alors pourquoi s'en priver ?

En Molvanie, un verre d'eau du robinet contient 80 % des besoins annuels en métaux rares et de bactéries E. coli.

POURBOIRES

En Molvanie, il n'est pas nécessaire de laisser un pourboire, à moins bien sûr que vous ayez besoin d'un service. Néanmoins, il est de coutume de récompenser quiconque vous a été utile, chauffeur de taxi, porteur, ou même chirurgien, après une intervention mineure.

Dans la plupart des restaurants et des hôtels, le **service (10 à 15 %) est compris**, ainsi qu'un autre supplément (3 à 5 %) comprenant les frais liés au premier supplément. En fin de repas, arrondir la note à la dizaine supérieure (si vous en avez pour 73 Ꞩ, donnez 80 Ꞩ au serveur). Les porteurs de bagages recevront 30 Ꞩ, ou toute somme jugée convenable pour qu'ils décampent de votre chambre. N'oubliez pas le pourboire pour les femmes de chambre (sinon, il y a des chances qu'elles reviennent tout salir). Pour les **chauffeurs de taxi** : 10 %, sauf si vous êtes prêts à descendre en marche. Il n'est pas inhabituel de voir les passagers d'un avion donner un pourboire au pilote en cas d'atterrissage sans incident.

Dans les régions rurales, les gens seront offensés que vous leur proposiez un pourboire – ils l'accepteront néanmoins. De fait, si vous oubliez, ils insisteront pour être offensés.

DISTRIBUTEURS DE BILLETS

On en trouve de plus en plus dans toute la Molvanie. Peu nombreux sont ceux qui contiennent effectivement de l'argent. En raison de l'irrégularité de l'approvisionnement en électricité, les retraits s'effectueront souvent à l'aide d'une poignée de **treuil** située sur le flanc de l'appareil.

Un voyageur averti en vaut deux

Après vos achats en Molvanie, pensez à conserver les tickets de caisse. Aucun remboursement n'est prévu, mais il est interdit de salir la voie publique.

ARMES À FEU

Les lois concernant les armes à feu sont draconiennes. Seuls sont habilités à porter un pistolet les policiers, militaires, membres des associations de tir, douaniers, gardiens de parking, vétérinaires, assistantes dentaires, instituteurs, personnes ayant un emploi stable, nonnes.

ACHATS

Les Molvaniens apprécient leurs marchés traditionnels et les petits commerces. Quelques **supermarchés** à l'occidentale ont néanmoins récemment vu le jour. Malgré les apparences, ils sont souvent mal approvisionnés et le service y est affreusement lent, en particulier aux caisses « Ezprezz » (dix articles maximum par client) où il n'est pas rare de voir des familles au grand complet - chaque membre portant dix produits - passer à la caisse avec 180 articles.

REMBOURSEMENT DE TVA

En quittant le pays, vous avez droit à un remboursement de TVA sur les produits neufs d'une valeur de 5 000 Ꞩ ou plus. Pour encaisser la somme due, il suffit de se présenter au comptoir *Zcajajac* de la salle d'embarquement de n'importe quel aéroport de Molvanie. Montrez la marchandise (et le reçu !) au douanier, qui vous fera remplir un formulaire de remboursement. À l'autre bout du terminal, un fonctionnaire tamponnera le document et vous indiquera l'agence de crédit TVA la plus proche. Malheureusement, les remboursements se font uniquement en pièces de monnaie locale – la surcharge risque de vous valoir une taxe pour excès de bagages.

Un voyageur averti en vaut deux

Dans les restaurants, de nombreux touristes redoutent de payer plus cher que les locaux. Notre conseil ? Pas de panique ! Il est certes probable qu'on vous fasse payer plus, mais n'y voyez aucune animosité personnelle. De fait, le restaurateur aura sans doute le sourire aux lèvres. Les voyageurs arrivant de Grèce ou de Turquie trouveront les suppléments bien modérés.

La Molvanie : incontestablement le paradis du shopping.

COMMUNICATIONS

TÉLÉPHONE

L'indicatif de la Molvanie est le 372. Pour les numéros de Lutenblag à sept chiffres, pas besoin d'indicatif régional. Pour les numéros à huit chiffres, il faut d'abord composer le 2. Les numéros à huit chiffres commençant par 09 vous dirigent habituellement sur des messages préenregistrés à caractère **clairement sexuel**.

Certaines communications nationales devront passer par une opératrice. Il vous suffit de composer le 01 et d'attendre la tonalité, qui sera certainement suivie de la voix de quelqu'un qui pestera en se raclant bruyamment la gorge : l'opératrice.

La plupart des chambres d'hôtel possèdent des téléphones, dont l'utilisation se révélera parfois onéreuse. Légèrement moins pratique, mais assurément meilleur marché : le **téléphone public** ou *Cweveskid*. Prévoir suffisamment de pièces, attendre qu'une cabine se libère, introduire une pièce de 10 z dans la fente, décrocher le combiné, attendre la tonalité, introduire une autre pièce de 10 z. Composez alors le numéro. Dès que votre interlocuteur décroche, introduisez dans la fente le reste de monnaie. Sinon, acheter une *fornikarta* (carte téléphone) dans n'importe quel bureau de poste.

TÉLÉPHONES PORTABLES

Hors de la capitale Lutenblag, le réseau de téléphonie mobile est souvent aléatoire. Quant aux SMS, il faut encore les transcrire **en morse**. En revanche, la Molvanie est à la tête de l'un des plus grands réseaux de talkies-walkies au monde. De taille souvent acceptable (la plupart tiennent dans un sac à dos), le talkie-walkie ne permet toutefois pas de communiquer avec les régions les plus lointaines.

INTERNET

L'Internet a mis du temps à arriver en Molvanie. Avec un débit de 17 bits par seconde, de nombreux visiteurs constatent que les cartes postales arrivent plus vite que leurs e-mails. Nonobstant, de nombreux **web-cafés** ont vu le jour dans la plupart des grandes villes, attirant une population peu recommandable, qui reste connectée des heures durant au site le plus visité de Molvanie.

www.nanaapowal.com.mv

En cas d' urgence...

Dans toute la Molvanie, composer le 00990. Fournir tous les détails et préciser si vous souhaitez une ambulance, la police ou la brigade d'enquête sur les incendies criminels. Ne pas attendre de réponse immédiate – il s'agit d'un service de messages enregistrés. La cassette est régulièrement écoutée.

LUTENBLAG

[Lutnblaag]

LUTENBLAG

Lutenblag fut un temps considérée par les autres capitales européennes comme un bourg provincial arriéré. Si ce fut vrai jadis, ce n'est plus le cas aujourd'hui. En accueillant des événements internationaux d'envergure – dont les **Championnats du Monde de Pétanque 1998** et *Stverska* ! Expo Danse Folklorique en 2001 – Lutenblag est devenue une cité cosmopolite en pleine expansion : les night-clubs foisonnent, l'agenda culturel est bien rempli et, à l'exception des lointaines banlieues, l'approvisionnement en électricité est relativement fiable.

La ville se heurte néanmoins à certains problèmes, dont la pollution – les visiteurs seront frappés par l'épaisse chape de brouillard sur toute la ville. Mais les perspectives sont encourageantes, puisque la Molvanie a signé le **Protocole de Kyoto**, et prévoit l'abandon progressif du charbon fossile comme source d'énergie. En 2010, la Molvanie fonctionnera entièrement au diesel.

Comme le proclame son slogan, Lutenblag est la « **ville de la croissance** », le concept s'appliquant d'ailleurs autant à ses banlieues champignons qu'au taux de criminalité actuel.

HISTOIRE

Située au cœur du pays, sur les berges de l'**Uze**, Lutenblag était à l'origine constituée de deux villes, *Luten* (« lieu des nombreuses collines ») et *Blag* (« pots-de-vin ») qui s'unirent au XIIe siècle. En des temps moins belliqueux, Lutenblag devint une cité florissante de marchands et d'artisans, et devint un grand centre européen de publications pour adultes. C'est ici, en 1506, que vit le jour la première **lithographie** pornographique. Après le fameux incendie de 1654, la ville fut entièrement reconstruite en style baroque. En 1951, suite à un autre incendie, elle fut entièrement reconstruite en béton.

OFFICE DU TOURISME

L'Office National du Tourisme (*Offij Turizm Nazjonal*) se situe avenue Busjbusj (☎ 31769800). Ouvert du lundi au vendredi. Certes, le personnel ignore les langues étrangères, mais il excelle dans l'art du mime. Outre les traditionnelles **brochures et autres cartes**, l'OdT pourra se charger de vous louer une voiture ou, moyennant un modeste supplément, d'organiser des rencontres avec des hôtesses top niveau.

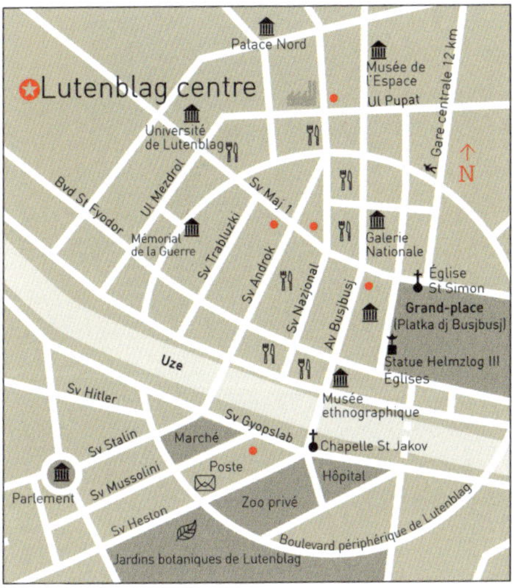

Un voyageur averti en vaut deux

Lutenblag est globalement une ville sûre ; mieux vaut néanmoins éviter les festivités du premier de l'an. Elles sont en effet organisées par les militaires, qui y voient plutôt une occasion de tester le matériel. Cette pratique culmina avec les célébrations de l'an 2000, lorsque fut dévoilée la première roquette longue distance, laquelle détruisit un village entier de la Roumanie voisine.

SUGGESTIONS D'ITINÉRAIRES

Différentes excursions possibles, selon la durée de votre séjour :

Une journée	Visite du Palace Royal *(Palatz Rojal)* et de la Vieille Ville.
Deux jours	Visite approfondie de la Vieille Ville, puis exploration des nombreuses ruines en amont de l'Uze.
Trois jours	Inspection de fond en comble de la Vieille Ville et peut-être un pique-nique dans les Jardins botaniques *(Jardn botanka)*.
Quatre jours	Voir ci-dessus, avec en plus soirée au concert *(Konzethausj)*.
Cinq jours	L'occasion idéale pour faire votre lessive.
Six jours	Rédiger quelques cartes postales, peut-être ?

ACHATS

On voudra bien sûr rapporter quelque chose de Lutenblag. Le chasseur de souvenirs ne sera pas déçu. Bien entendu, il faudra s'assurer de l'authenticité du produit acheté. À cet effet, le gouvernement de Molvanie a mis au point un réseau de boutiques d'**artisanat**. L'autocollant *Uzrec ej Molvania* (« *Made in Molvania* ») garantit l'authenticité de l'article, et une augmentation de 62 % par rapport au tarif habituel.

SE DÉPLACER

Vive la bande d'arrêt d'urgence ! Ce travailleur molvanien part de bon matin pour une journée de travail à la Bourse.

Voiture. C'est un bon moyen de locomotion. Comme dans la plupart des villes, mieux vaut éviter les heures de pointe. La situation ne s'est pas arrangée depuis que le **boulevard périphérique de Lutenblag** *(Zirkulbahn)* traverse le centre-ville. Les principaux grands axes ont une voie réservée pour les motos, les taxis et le bétail. Le « covoiturage » *(apleinj danz la bazgnholz)* est encouragé – primes versées au-delà de 15 personnes par tracteur. On trouve du sans-plomb partout ; il suffit de repérer *Bleifrei* (« alcool à brûler ») dans les stations-service. Sur l'unique **Autobahn** de Molvanie, la vitesse est théoriquement illimitée. Cependant, entre les nids-de-poule et les tronçons inachevés, vous ne dépasserez pas le 70 km/h, ou alors à vos risques et périls. Le **taux d'alcoolémie** autorisé est de 3,2 (3,5 le week-end), mais que les conducteurs se rassurent : les alcootests de la sécurité routière, de fabrication russe, ne sont pas reconnus devant les tribunaux.

Taxi. Les chauffeurs de taxi de Lutenblag ont la réputation d'être malhonnêtes. En outre, l'hygiène personnelle n'est pas leur fort. En ville, la fréquentation des taxis tend par conséquent à décroître. Quelques conseils de bon sens : insistez pour que le chauffeur mette en marche son compteur au début de la course, guettez les panneaux suspects indiquant un éventuel détour. « Frontière allemande, 20 km », par exemple.

Train. Aux alentours de Lutenblag, le réseau ferroviaire est efficace et bon marché. Les visiteurs pourront néanmoins le trouver d'un usage complexe. Il existe en gros quatre sortes de trains – enfin trois, puisque le quatrième ne fonctionne plus. Les **Express** (*Ezprezz*), les **Rapides** (*Rapijd*), les **Trains de voyageurs** (*Banlieujk*). Les réservations sont obligatoires pour les Express et les Rapides, à l'exception des Rapides Interurbains, où il est possible d'acheter son billet à bord, à condition que le train soit au départ de Lutenblag - sauf jours fériés. Dans les trains de voyageurs, places assises non réservables en première classe. Places assises inexistantes en troisième classe, hormis le toit. Les handicapés bénéficieront de **réductions**. Attention, depuis une récente décision de justice, l'ébriété n'est plus considérée comme un handicap. Les tarifs senior sont valables pour tout citoyen âgé de plus de 90 ans (présenter pièce d'identité).

Bicyclette. Une brochure en anglais, *Seeing the City by Bike*, est disponible en librairie et aux urgences de l'hôpital de Lutenblag.

OÙ SE LOGER

À Lutenblag, les possibilités d'hébergement ne manquent pas. Comparés aux tarifs en vigueur dans le reste de l'Europe, les prix sont très abordables. En cherchant bien, on trouvera à se loger pour moins de 100 $ la nuit. Les voyageurs souhaitant être hébergés dans des conditions moins spartiates paieront entre 200 et 260 $ la nuit, pour des prestations incluant WC particuliers, télé, climatisation et crachoirs.

$$$ Hôtels - **Catégorie supérieure**

Le plus prestigieux est le **Rojal Palatz Hotjl** qui, comme son nom l'indique, se situe juste en face de l'usine de fabrication de bois aggloméré. « Le Palace » est l'un des plus beaux hôtels de Molvanie, mêlant harmonieusement service moderne et plomberie d'antan. Les chambres y sont pour le moins luxueuses. Petit déjeuner continental compris (petit pain plus orangeade). Les tarifs sont élevés, mais on peut économiser en réservant l'hiver, à la morte saison, quand l'établissement est fermé.

192 Sv Nazjonal
19 1196
19 1197
palace@moldi.co.mv
56
DC, MC, V

Entièrement réaménagé Art Nouveau, **U Tri Hradjna** vient récemment d'être élu « plus bel hôtel » par les lecteurs du magazine *Euro Vue*, le trimestriel du voyageur malvoyant. Si les chambres sont un peu exiguës, un aménagement intérieur malin (lits pliants, combiné fax/fer à repasser) laisse suffisamment d'espace pour se déplacer.

À noter : Les chocolats gracieusement offerts par la maison qui se trouvent sur l'oreiller sont purement décoratifs. En cas d'ingestion accidentelle, contacter immédiatement la permanence du centre Antipoison de Lutenblag 03-77633310.

233 Sv Nazjonal
12 2531
12 2555
utri@molnet.co.mv
70
DC, MC, V

Les amateurs de « grand chic » choisiront le luxueux **Trybekka**, un hôtel-boutique récemment rénové, qui allie modernité et style. Dans un souci de minimalisme, même les escaliers de secours ont été enlevés. Le « Tryb » est l'un des hôtels favoris de la communauté homo de Molvanie. Les couples de même sexe n'auront aucune difficulté à trouver une chambre, à condition de ne pas exiger une chambre partagée.

Av Busjbusj
10 5836
10 5835
trybe@molnet.co.mv
40
DC, MC, V

$$ Hôtels - Catégorie moyenne

Agréable alternative aux grandes chaînes hôtelières, la **Pensjon Zegmar** est une sympathique pension de famille, au calme, à proximité du musée. Certaines chambres offrent des vues sidérantes sur la Vieille Ville. Malheureusement, elles sont réservées au personnel.

À noter : Propriétaires raisonnablement amicaux parlant anglais (moyennant supplément).

22 Av Busjbusj
14 3805
14 3806
zegmar@mol.co.mv
16
DC, MC, V

L'entrée de cette majestueuse résidence de brique évite l'écueil du tape-à-l'œil. Dans le couloir du **Jze Petra**, un musicien installé au piano à queue vous accueille en jouant des standards molvaniens, tandis que le service d'ordre, armé jusqu'aux dents, tient discrètement à distance les romanichels qui mendient. Le Petra est riche d'une histoire prestigieuse. Rzemec, fils de l'empereur Vladzjic III, y aurait fait ses besoins en 1856. Nombreuses antiquités exposées : peintures, sculptures, système de réservation informatique de l'hôtel.

47 Sv Maj 1
19 6097
19 6098
jze@molnet.co.mv
12
DC, MC, V

Connu pour son casino ouvert 24h/24 et sa discothèque fameuse, le **Zizjkov** s'est taillé une réputation auprès des rock stars en goguette et des officiels de l'Union européenne. Chambres spacieuses, bien aménagées, avec toilettes et bar.

À noter : Deux chambres, situées au grenier, sont réservées aux handicapés (trois volées d'escalier à gravir, puis l'échelle branlante, et vous y êtes).

52 Sv Maj 1
17 1884
17 1885
ziz@molnet.co.mv
12
V

Dans le quartier décati de la gare, l'**Hotjl Oljanka** s'est taillé une réputation d'hôtel louche pour criminels et individus peu recommandables. Les craintes qu'inspire l'établissement sont relativement infondées. Avec son système de serrure à ouverture différée, ses fenêtres grillagées, et les détecteurs de métaux du couloir, l'Olj n'a plus été le théâtre de kidnapping ou d'agression grave depuis 2003.

72 Sv Androk
13 1636
13 1639
oljanka@moldi.co.mv
14
DC, MC, V

À Lutenblag, on trouve de nombreuses possibilités de logement **chez l'habitant**. Pour 50 Ꞩ seulement vous partagerez le quotidien d'un retraité invalide ou d'un condamné assigné à résidence.

$ Hôtels - **Petits budgets**

Grâce à ses multiples auberges de jeunesse et autres pensions à petit prix, Lutenblag est le paradis du routard. Le **Diagzop Hotjl**, face à la gare, a bonne réputation, malgré la rudesse du personnel tatoué de pied en cap. Pour moins de 25 $\not{S}$, vous trouverez un lit dans un dortoir bondé.

À noter : Ni douches ni salles d'eau, mais une station de lavage auto discount juste à côté.

73 Sv Androk
14 7791
14 7792
diag@moldi.co.mv
162

Également bon marché, la **Majkvic Jverzte** est située dans un quartier paisible, loin du bruit, de la circulation et de la foule. Inconvénient : une fois les faubourgs atteints, il faut encore compter trois heures de bus. Au moins les chambres sont-elles impeccables et régulièrement fumigées. Infrastructures toutefois un peu rudimentaires, avec toilettes partagées et couchettes façon dortoir. À la basse saison, 10% de réduction pour les étudiants – fournir carte d'étudiant (ou montrer piercing).

14 Sv Jabba
19 7828
majk@molnet.co.mv
56
MC V

Ce qu'en dit Philippe ...

« Après des années à voyager, j'ai constaté un fait très simple : ce n'est jamais dans un cinq étoiles que vous rencontrerez quelqu'un de réellement intéressant. Pour vraiment découvrir un pays, il faut avoir froid, être mal à l'aise et se faire réveiller à l'aube par un artisan local qui se racle la gorge et expectore. Vos draps de soie et votre climatisation, vous pouvez vous les garder, moi je préfèrerai toujours la cave humide d'une bonne vieille pension. » P.M.

Navette gratuite pour les clients de l'Hotjl Oljanka.

AVERTISSEMENT SANITAIRE

ON TROUVE SOUVENT DES PUNAISES DANS LES LITS DE MOLVANIE. CELA EST MOINS FRÉQUENT DANS LES ÉTABLISSEMENTS DE LUXE, GRÂCE À LA FUMIGATION NATURELLE DES CHAMBRES PAR LA FUMÉE DES CIGARES.

OÙ SE RESTAURER

À Lutenblag, la restauration est un secteur en pleine effervescence. Pas un mois ne passe sans qu'un nouvel établissement s'ouvre, et sans qu'un ancien soit fermé par les Inspecteurs de l'**Hygiène**. On regrettera que certains restaurants ayant vocation à accueillir les touristes soient tentés de « saler » la note. Malgré la vigilance des autorités, certains restaurateurs demeurent peu scrupuleux. Aussi est-il conseillé d'étudier la note avant de la régler. Nous avons relevé des suppléments fantaisistes : « **provision service** » (avoir un serveur), « réalignement textile » (pliage de votre serviette), « supplément embrasement » (chandelles sur la table), et même, dans un bistrot du centre, 12% de « **taxe de départ** ».

Bien sûr, plus on s'éloigne du centre-ville, plus le choix se réduit. Bien souvent, on ne trouvera qu'une *tavernja* (taverne traditionnelle) sous-équipée en couverts. Attention : on mange avec la main droite (la gauche étant réservée au lavage et au salut de la famille royale).

Toutes nos excuses !

Un rectificatif s'impose : Le **restaurant Jhahmin** *propose nourriture et danse indiennes, et non nourriture et danse lesbiennes – comme nous l'avions par erreur annoncé. Toutes nos excuses pour cette erreur impardonnable. (Point positif, le propriétaire nous annonce avoir des réservations pour les trois prochaines années.)*

Les restaurateurs de Molvanie font souvent appel à des musiciens folkloriques pour encourager les dîneurs à partir dès la fin du repas.

$$$ Les **meilleurs** restaurants

Les tables en fer forgé, les plafonds voûtés et les nappes épaisses font du **Zvermej Kval** le lieu idéal pour savourer des mets délicats. Pourquoi les propriétaires ont-ils décidé d'en faire un bar karaoké ? Cela reste un mystère. D'autant que les clients continuent d'y affluer chaque soir pour manger, boire et radoter.

131 Sv Nazjonal
19 0245
DC, MC, V

Romjaci est un bar à vin distingué. Nourriture excellente dans un cadre stylé. Chacun y trouvera son bonheur – à condition d'aimer le porc. Service impeccable, pour qui n'est pas pressé. Particularités : le patio (souvent fermé à cause des guêpes), la rose rouge offerte aux dames et le carafon de 5 litres du vin maison pour ces messieurs.

5 Sv Nazjonal
17 3865
DC, V

Pour qui aime l'animation, le **Kabaret d'Alic** est l'un des dîners-spectacles les plus courus et les plus réjouissants de la capitale. En véritable clown, le flamboyant Alic, chef cuisinier et patron, vous fera participer en vous envoyant des œufs, en faisant tourbillonner les assiettes et en faisant surgir divers ustensiles derrière vos oreilles. Impensable de ne pas se prêter au jeu – Alic le prendrait mal.

À noter : Réservation impérative, vêtements étanches conseillés, casque obligatoire.

140 Sv Nazjonal
17 3199
DC, MC, V

Les gourmets amateurs de très haut de gamme se rendront au **Restaurant Pivotant** *(Gastrotournicotij)*. On s'y régale en appréciant la vue panoramique sur la ville. En raison de coupures de courant imprévisibles, la rotation est parfois ralentie. Compter six mois pour une rotation complète. Mais votre patience sera récompensée : du haut de ce troisième étage, le coup d'œil vaut le détour.

140 Sv Maj 1
12 4656
revolve@moldi.co.mv

Un voyageur averti en vaut deux
De nombreux établissements se proclament « smoke-free ». Cela signifie seulement que les clients sont libres de fumer dans toutes les salles.

$$ Se restaurer **à prix abordables**

Claire, spacieuse, la **Kaça Napoljtana** est une pizzeria animée. Des plats succulents sont accompagnés de salades et de cruches de vin maison. Parfois pénible quand vraiment plein. La remarque vaut aussi pour le patron.

✉ *152 Sv Nazjonal*
☏ *14 7593*

Sushi-Train appartient à une chaîne de sushi-bars à capitaux américains présente dans le monde entier. Suite à un incident mécanique, le restaurant de Lutenblag a malheureusement dû fermer, un client ayant perdu plusieurs doigts en attrapant un California Roll. Après une transaction à l'amiable, le Sushi-Train a rouvert ses portes, mais qu'on ne s'attende pas à une cuisine véritablement japonaise, plutôt à des fritures en tous genres (y compris le sashimi).

✉ *74 Sv Androk*
☏ *19 5738*

Quoiqu'excentré, **Tatij Olgja** (« Chez Tati Olga ») ravira les amateurs de mets du terroir. Bâtie comme une *tavernja*, Tati Olga ressemble à une cuisine à l'ancienne. Des guirlandes d'ail accrochées au plafond bas pendent au-dessus de tables aux nappes en vichy tachées de vin. À côté, des vieillards à l'alcool mauvais fument cigarette sur cigarette. Menu typique : foie gras paprika, pudding au chou, cervelle d'agneau à la crème, saucisse au pot, soupe à l'entraille (plat typique remontant à l'époque où Staline essaya d'affamer la population).

À noter : De nombreux chauffeurs de taxi refuseront de charger des clients sortant de Chez Olgja, en raison de la forte probabilité de vomissements dans le véhicule.

✉ *Ul Hoxha*
☏ *11 6499*

La Taverne de Lutenblag propose des danses folkloriques traditionnelles. Dîner + spectacle : 50 $. Dîner uniquement : 75 $.

$ Fast-foods et Snack-bars

Kisjipja est tenu par un couple marié (du moins si l'on se fie aux disputes qui éclatent en cuisine). Spécialités de plats légers servis à des tables de café. Guetter les spécialités du moment, particulièrement les salades et le « poisson du mois ». L'été on mange dehors dans la cour, sur des tables style « pique-nique ».

À noter : N'oubliez pas la bombe insecticide. Elle vous sera utile contre les moustiques. En outre, quelques pulvérisations dans l'assiette pourront en améliorer le goût.

129 Av Busjbusj
15 4729

Eh oui, **McDonald's**, le roi américain du hamburger, a infiltré la Molvanie. Et pourtant, les restaurateurs locaux ont lutté contre une telle implantation, craignant que l'introduction d'une alimentation trop riche en graisse et en sucre, servie dans un environnement stérile et inhumain, ne fasse monter en flèche la qualité moyenne de la restauration nationale.

75 Av Busjbusj
12 9038
DC, MC, V

À deux pas de la gare, **Bistroj Vjo Dzar** est un café ouvert 24h/24. La nourriture est à l'économie et les serveurs sont armés. Les soupes épaisses et le café à discrétion constituent le principal attrait de cet établissement. Certains sans-abri, arrivés en 2001, continuent d'y commander du café à l'œil.

78 Sv Androk
15 5328

Situé non loin de l'université de Lutenblag, le **Sadjevcis Café** accueille essentiellement les universitaires et l'intelligentsia de la ville. Aussi est-il généralement vide.

13 Sv Maj 1
19 3470

Le marché de Lutenblag reste un des lieux privilégiés dans toute l'Europe centrale pour trouver une carpe à un prix avantageux.

LOISIRS, CULTURE

MUSIQUE CLASSIQUE

Il faut aller au **concert à Lutenblag** *(konkerthausj)*, pour la musique, certes, mais aussi pour apprécier l'atmosphère de ce bâtiment unique. En 1946, l'architecte **Petjka Schovjen** se vit confier la mission de concevoir un lieu qui incarnerait le riche héritage culturel de la ville. La très controversée structure en tipi fut achevée en août 1948. Si elle reflétait avec brio sa passion pour la culture amérindienne, elle défiait les principes de la résistance des métaux et s'effondra deux mois plus tard, lors d'une tempête d'intensité moyenne. Retapé durant les années 1950, le bâtiment devint le quartier général de l'**Orchestre symphonique de Lutenblag**, qui y donne ses récitals. Des œuvres de l'**Opéra national de Molvanie** y sont également montées, mais plus rarement, en raison de leur durée et de l'absence de toute forme mélodique reconnaissable. La plupart nécessitent le recours à une douzaine de cuivres *bashken* de Molvanie, dont l'efficacité est indiscutable dans les vallées de montagne, mais semble comporter un risque pour l'appareil auditif dans un espace confiné.

FOLKLORE et ART TRADITIONNEL

De nombreux établissements proposent de la musique folklorique et la **Maison de la culture Kzamailkia** *(Jignstumpf)* monte un spectacle traditionnel de poupées, chaque soir, à 19 h. Ces marionnettes en bois à la finition somptueuse retracent les moments forts de l'histoire de la Molvanie – sauf les samedis à 23 h : spectacle réservé aux adultes.

PUBS et CLUBS

À Lutenblag, nombreux sont les clubs et discothèques où vous pourrez faire la fête toute la nuit – vous risquez néanmoins de vous retrouver seul, car les locaux sont des couche-tôt. Les amateurs de jazz iront au **Bje Bjop**, un club funky en sous-sol ; entrée libre, mais une somme modique est réclamée au titre de la participation à l'assurance incendie. Il existe même un pub irlandais, le **Vlad O'Reilljys**, où le voyageur atteint du mal du pays se régalera d'une pinte de Guinness et d'une assiette de betteraves au vinaigre, avant d'échanger quelques coups de poing avec un compagnon de beuverie belliqueux.

La vie nocturne – ça se passe comme ça, à Lutenblag !

À VOIR, À FAIRE

Tout visiteur se doit de prévoir une halte au **Palais Royal** *(Palatz Rojal)*, le foyer de la famille royale adorée de Molvanie, actuellement exilée. Devant les portails, des gardes armés jusqu'aux dents sont de faction. Ces miliciens au costume flamboyant (**pantalon gris typique**, casque à plumes) sont membres de l'armée personnelle du roi, les **Bazurkas**, qui protègent le palais depuis la nuit des Mille Cuillers, en 1754 (*cf.* section « Histoire »). Chaque matin, ils défilent devant l'entrée du palais, selon une chorégraphie approximative, dont on a pu dire qu'elle était moins une marche qu'une mêlée. N'hésitez pas à prendre des photos, mais ne vous étonnez pas si à leur tour ils vous visent.

Le meilleur moyen d'apprécier la présence de l'histoire à Lutenblag, c'est de découvrir la **Vieille Ville**. En entrant par une porte étroite de la partie nord, vous apercevrez sur votre gauche une antique **colonne romaine** ; elle servit jadis de pilori, et fait aujourd'hui office de tour de transmission de téléphones portables pour Molvania-Telski.

La tête dans les étoiles...
Impossible de passer par Lutenblag sans s'arrêter au **musée de l'Espace de Molvanie**. On y apprendra le rôle clé que joua la Molvanie au début du programme spatial russe. À la fin des années 1950, des scientifiques molvaniens conçurent et élaborèrent un vaisseau carburant à l'essence de térébenthine raffinée. Hélas, *Splutfab 1* explosa au lancement. La totalité de l'équipage périt, et la peinture des bâtiments alentour fut écaillée sur un rayon de 5 km. *Splutfab 2* connut une destinée plus heureuse : ainsi, en 1963, la Molvanie fut la première nation à envoyer un homme en Pologne.

Le musée de Cire de Lutenblag a récemment été inauguré. On y trouve la plus grande collection au monde d'hommes à barbe.

Le monde est une scène !
À deux pas de la grand-place de Lutenblag fut construit, pendant l'ère soviétique, le petit **Théâtre des Travailleurs**, où l'on donna des pièces traitant de justice sociale et de réforme politique. On dit de l'acoustique qu'elle était si bonne que l'on pouvait chuchoter sur scène et être entendu de l'autre côté de la rue, au ministère de l'Information.

Derrière cette tour se trouve la grand-place, au coin nord-est de laquelle se tient **l'église Saint Simon** *(Crkja Simun)*, qui fut endommagée au cours de la Seconde Guerre mondiale. Depuis lors, les travaux de restauration n'ont pas cessé. Une partie de l'échafaudage date d'ailleurs de 1948. L'église, qui commémore le **saint patron de la pauvreté**, est ouverte au public (120 $ l'entrée), et recèle des œuvres du XIVe siècle. À 2 m 30 de haut, le **sarcophage** de Saint Simon figure des scènes décrivant la vie du saint homme : sa naissance, ses premières années de prêche et sa montée peu banale au ciel, sur le dos d'une vierge en tenue légère.

De l'autre côté de la grand-place, vous trouverez l'excellent **Musée ethnographique** *(Muzm ethnojgrafkskro)* et sa coutellerie molvanienne. Entrée libre (mais contribution de 90 $ pour franchir la porte principale).

Dans la partie nord de la ville subsistent les ruines du **Vieux Fort**, imposante structure de pierre qui, au fil des ans, résista aux assauts des Turcs, des Mongols et des Tatares. Malheureusement, un promoteur slovaque a finalement réussi à détruire les somptueux remparts, libérant ainsi du terrain pour un immeuble d'appartements.

La mythique **statue de Helmzlog III** (le « Libérateur de Lutenblag ») se situe au centre de la place principale toujours animée, brandissant une épée et ce qui, pendant des lustres, passa pour un bouclier, mais est en fait la calandre d'une Fiat 350.

Dans les faubourgs de la Vieille Ville, dans l'agréable quartier de Zamocja, on trouvera au 20 Av. Verbek une bâtisse en briques rouges. À l'extérieur, une modeste **plaque** rappelle que pendant l'occupation nazie, **Jorg Grekjez**, marchand de son état, abrita 45 juifs. Leur nombre augmentant, deux vastes caves furent creusées. Ces braves gens survécurent pendant plusieurs années à l'étroit, dans cet espace à l'air fétide, quasi irrespirable. Aujourd'hui, ce sont des logements étudiants.

La légende du voyageur

Outre de nombreuses expositions de qualité, le ***musée d'Histoire locale de Lutenblag*** *offre une installation vidéo intitulée « Trésors du passé ». Un lecteur nous informe que ladite présentation n'est pas adaptée aux enfants, en raison de sa longueur, de son volume et de ses descriptions crues des tortures médiévales. Des accents racistes se seraient aussi glissés dans la présentation des Tsiganes de Molvanie.*

Considérée par beaucoup comme un des exemples les plus raffinés de l'architecture de la Renaissance en Europe, la **chapelle de Saint-Jakov** fut construite entre 1431 et 1536. Initialement, ce devait être une simple église avec une seule nef, mais les dignitaires de la ville exprimèrent le souhait d'avoir une construction plus imposante. On procéda à différents ajouts, dont des transepts, des absides et une **salle de billard** souterraine. La chapelle est officiellement fermée au public, mais moyennant un petit pourboire, le gardien vous fera entrer. Moyennant un gros pourboire, il ira même jusqu'à dire une messe pour vous.

Pour les amateurs d'expériences plus « modernes », la visite de la **Bourse de Lutenblag** (143 Zvordem Placa) vaut le détour. Vous y rencontrerez les jeunes loups de la haute finance, la plupart ayant fait fortune dans le béton et le boniment. Ouverture des bureaux à 9 h 30, lorsque le président tire en l'air une salve d'AK-47. Visites du lun au ven, 9 h 30.

Ce qu'en dit Philippe...

“ À Lutenblag, chaque année, des milliers d'amateurs d'art visitent la Galljeri Nazjonal *(« galerie nationale »). Collection internationale assez impressionnante, dont des toiles signées Rembrandt, Van Gogh, Titien et Picasso, volées dans toute l'Europe pendant la Seconde Guerre mondiale. Pour les curieux souhaitant sortir des sentiers battus, je recommanderai la petite galerie Vcetrezen, sise au 413 Sv Medezeni. Le style y est minimaliste, mais les œuvres exposées sont stupéfiantes. L'amateur d'art moins attentif que je ne le suis passera à côté d'une pièce entièrement vide, à l'exception d'un petit tuyau d'arrosage fixé au mur. Il serait regrettable de manquer cette œuvre ambitieuse et dépouillée, métaphore de l'enroulement dans toute sa circularité. Bravissimo ! ”*

P.M.

À deux pas du musée, dans un parc remarquablement bien entretenu, se trouve le zoo privé, ouvert pendant l'été du lundi au samedi. On y découvrira, dans une seule et même cage, un superbe échantillon de chats sauvages, d'oiseaux et de mammifères. À l'évidence, le nombre de pensionnaires du zoo est variable. Les visiteurs viennent admirer le *bvoric*, **bouc unicorne** originaire de Molvanie, lequel est malheureusement mort en 1993. Cependant, grâce aux progrès de la taxidermie et de l'animatronique, une réplique relativement ressemblante est exposée.

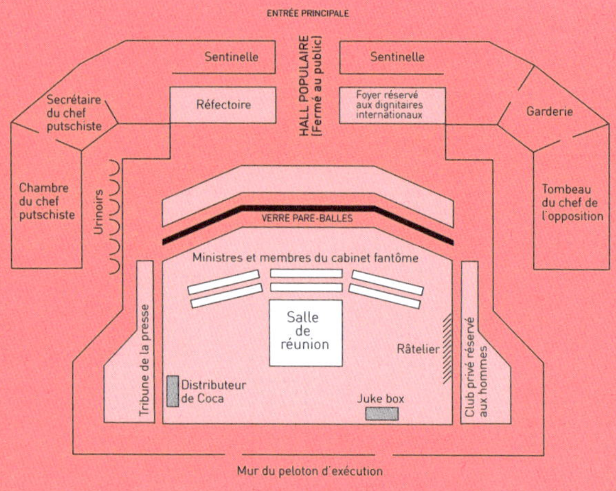

Un voyageur averti en vaut deux
Ne manquez pas la visite du Parlement.
Ce plan vous sera bien utile.

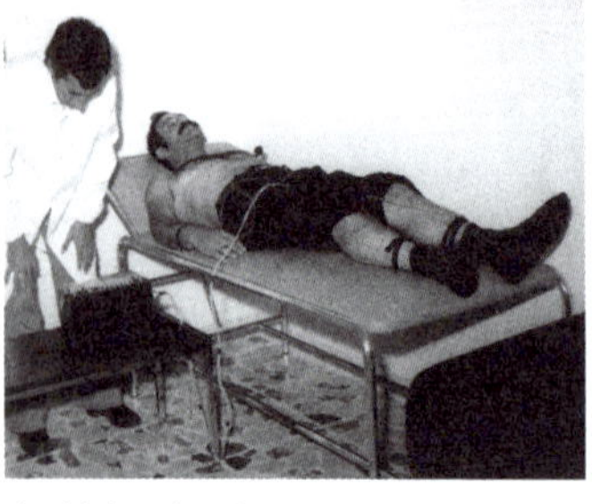

La Molvanie a longtemps fait œuvre de pionnier au plan scientifique. En 1959, le Prof. V.C. Ulcviecel mit au point la première machine à électrolyse, qu'il teste ici sur sa mère.

Le **musée de la Science et de la Technologie** *(Muszm Skjenteknolojyka)* célèbre les succès scientifiques de la Molvanie, dont trois inventions majeures : celle du compas, de l'œillet bleu et du harpon. Une exposition est dédiée à **Jzeovak Tkermec** (1936-1994), l'un des scientifiques les plus brillants de Molvanie. Pionnier de la génétique, il réussit en 1987 à greffer une oreille humaine sur une souris. Mais sa plus grande réussite eut lieu l'année suivante, lorsqu'il parvint à greffer une souris sur une oreille humaine.

Au cœur de la trépidante Lutenblag, les amateurs de repos goûteront les joies d'une promenade au **Jardin botanique**. On s'arrêtera pour humer le parfum des nombreux spécimens de la rose de Molvanie (*cf.* illustration), cette variété locale qui ne produit ni feuilles ni fleurs - uniquement des épines. L'été, on peut louer des bateaux au kiosque. Distrayant, certes, mais un peu vain quand on sait que le bassin le plus proche se trouve à 200 km. Entrée du jardin : 120 ぷ. On vous remettra trois tickets de couleur. Le premier est celui d'entrée ; le deuxième donne accès à l'herbier ; le troisième vous autorise à marcher sur les **pelouses** et à voter au conseil municipal. Ne les perdez pas ! Les gardiens du parc *(Polizi Parzca)* sont non seulement vigilants, mais armés jusqu'aux dents.

Pour finir, une visite de Lutenblag ne serait pas complète sans un coup d'œil au célèbre **monument aux morts** *(Miljtakstomb)*. Imposant édifice de marbre, proche du centre de la Vieille Ville, dédié aux quelque 18 000 soldats molvaniens qui combattirent à l'étranger durant la Seconde Guerre mondiale, et ne revinrent jamais. Quelques-uns périrent, la plupart désertèrent. Nombreux vivent encore probablement en Europe de l'Ouest, sans papiers.

Dame Pipi...
Sur la grand-place, le visiteur sera intrigué par la petite structure en fer forgé, devant l'Hôtel de Ville. Construit à l'occasion de la foire internationale de 1896, ce prototype est l'un des rares urinoirs pour dames encore en fonctionnement. Les personnes l'utilisant pour la première fois sont invitées à prévoir une paire de chaussures supplémentaire.

Le Royal Lutenblag Tennis Club, très endommagé pendant la guerre civile, a rouvert ses courts. Nous rappelons aux joueurs l'obligation d'arroser les terrains, de passer le filet et de se méfier des mines n'ayant pas encore explosé.

Sjerezo
Gyrorik
Lac Debrizca
Vajana
La Grande Plaine
Fiztula
Fiztula
ALPES MOLVANIENNES
Connardj
Svetranj
Lac Bzejenko
Vzintga
Chaîne des Postenwalj

LES ALPES MOLVANIENNES

[Alpj Molvanjka]

LA RÉGION

Imaginez une coquette propriété de montagne, sous la neige. Les vitres givrées étincellent à la lueur d'une belle flambée, qui réchauffe l'air glacé de la nuit : c'est l'été dans les Alpes molvaniennes. Pendant des années, cette région montagneuse unique, au pied de laquelle s'écoule la **Fiztula**, a été boudée par les vacanciers. Mais aujourd'hui, grâce à des **infrastructures touristiques améliorées**, et à un cessez-le-feu dans la guerre contre la Roumanie, les visiteurs commencent à découvrir les charmes de ce joyau oublié.

S'étendant des lointaines plaines orientales fertiles du bassin de la Connardj jusqu'à la majestueuse chaîne des Postenwalj, la région des Alpes molvaniennes peut se découvrir de diverses manières. Avec un domaine skiable aménagé de plus de 2000 km (totalement déminé), les skieurs de tous niveaux s'en donneront à cœur joie. Les dingues de nature n'en croiront pas leurs yeux : la région abrite en effet de nombreux parcs nationaux, protégeant de nombreuses espèces rares et menacées de la flore et de la faune. Vous arpenterez en toute tranquillité la fameuse **Valentinji Promendjj** (« Promenade des Amoureux ») en goûtant la beauté de forêts pentues parsemées de cyclamens, de bruyère, d'ajoncs et de **préservatifs**.

Svetranj, la ville la plus importante, est également la capitale administrative régionale. Ce bourg animé sis sur les berges de la Connardj est le point de départ idéal pour découvrir cette contrée fascinante. La **Grande Plaine** *(Planja Grandj)* figure depuis peu au patrimoine mondial de l'Unesco pour sa « remarquable monotonie ». Surtout, pensez à faire un tour au nord, à Vajana, où se situe le célèbre zoo en plein air de Molvanie – de préférence le premier dimanche du mois, lorsqu'on donne à manger aux animaux.

La Grande Plaine, depuis peu au patrimoine mondial de l'Unesco pour sa « remarquable monotonie ».

Ce qu'en dit Philippe...

“ Ma première visite du sud de la Molvanie remonte à presque vingt ans. À l'époque, personne n'en avait découvert les charmes. Pas de restaurants, pas d'hôtels, même pas d'eau potable. Une expérience du voyage vraiment authentique. Aujourd'hui, vous croisez des touristes qui se la coulent douce dans des bars et des restaus à l'occidentale, ignorant que c'était moi le premier. ” P.M.

SVETRANJ

Jusqu'aux années 1960, Svetranj était encore considérée comme l'apanage des nantis, séduits par le climat vivifiant, le **décor sublime** et une certaine ouverture d'esprit en matière de satisfaction sexuelle avec mineurs. Aujourd'hui, la ville n'a rien perdu de ses charmes. L'une des principales attractions est incontestablement le **château** de la vieille ville ; nombreux sont ceux qui le considèrent comme le lieu où se déroule *Slobadril un Mustaza*, le *Roméo et Juliette* molvanien, écrit au XVIe siècle par un auteur local. Chaque jour, des touristes testent leurs talents de comédiens sur le balcon du château, répétant ces vers immortels : « *Slobadril, Slobadril, la vij san toisk nestkunmotj.* » Comme les amants de ce **classique de la littérature**, vous aussi tomberez amoureux de Svetranj.

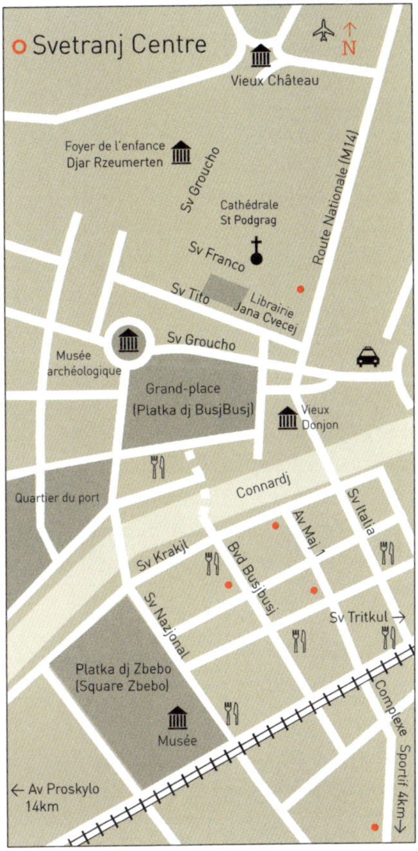

HISTOIRE

Svetranj, principale plaque tournante des affaires du sud de la Molvanie, fut dès le XVIe siècle un comptoir commercial. Cette ville frontière se pourvut rapidement de **remparts** contre une éventuelle attaque turque par le sud. Mais les Turcs arrivèrent par l'est, et le village fut rasé. La reconstruction eut lieu au XVIIIe siècle. Aujourd'hui, la ville est célèbre pour son artisanat, en particulier la **dentelle de Svetranj**, supposée de meilleure qualité que celle de Bruxelles et de Venise, quoiqu'un peu plus rêche, car obtenue à partir de toile de jute. Les autres produits régionaux sont le cuir et l'héroïne de mauvaise qualité.

SE REPÉRER

En quittant la gare centrale, prendre à gauche et remonter la **Platka dj Zbebo** vers l'hôtel de ville. Là, vous trouverez d'épatantes boutiques et d'agréables terrasses de café. Sur votre droite, juste avant l'entrée de la mairie, se trouve l'un des plus vieux et des plus somptueux **châteaux** de Svetranj. Qu'il ait été aménagé en salle de flippers ne remet nullement en cause le brio de son architecture ; la visite vaut le détour. Un entrelacs de ruelles part de la Platka, ou grand-place, chacune offrant un itinéraire de choix au cœur de la cité. Les visiteurs doivent néanmoins savoir qu'il est fortement déconseillé de fréquenter les quartiers du bord de la Connardj à la nuit tombée ou durant la journée.

Sur les quais, c'est un délicieux mélange de terrasses de café et de restaurant. Quel dommage que les camions de livraison bouchent systématiquement la **vue merveilleuse**. En outre, la fumée de leurs pots d'échappement achèvera de dissuader les visiteurs de dîner en plein air. Après un rapide café, vous plongerez dans le tourbillon des boutiques du port : bouchers, boulangers et autres commerçants. Instants d'éternité où se révèle l'ambiance typique de la ville. La vue, les odeurs et, bien sûr, le cri de ralliement des joyeux commerçants : « *Haltz ! Jzorban !* » (« Arrêtez ! Au voleur ! »)

ACHATS

Svetranj demeure une destination de choix pour acquérir des marchandises à **prix sacrifiés**. En dépit des menaces d'actions en justice qui pèsent sur la ville, vous trouverez des paires de Nikey ou Reeboq pour des sommes dérisoires. Choix impressionnant de DVD à bas prix – il est cependant rappelé que les DVD de Molvanie sont classés en **Zone 7**, et ne peuvent donc être lus que sur du matériel fabriqué en Molvanie ou dans le nord de la Bulgarie. À proscrire : l'achat de matériel électrique, sauf en camping, pour démarrer un feu.

Svetranj produit l'un des rares téléviseurs au monde vendu avec son propre système d'extincteur automatique.

COMMENT S'Y RENDRE

Svetranj est nichée sur les rives de la Connardj. On y arrive en train ou par la route. De Lutenblag, emprunter la M 14, une ancienne **voie à péage**. Si aucune contribution n'est plus désormais réclamée aux automobilistes, prudence ! Des indigènes se font en effet passer pour des receveurs, exigeant argent liquide, cigarettes, ou que vous les preniez en auto-stop.

Il existait aussi un petit aéroport en banlieue nord. Il a été fermé en 1998 par le Bureau de l'Aviation civile, après qu'un avion suisse a manqué heurter un mulet arrimé à un manche à air.

Un voyageur averti en vaut deux
La majestueuse gare centrale de Svetranj se situe à 12 km seulement du centre-ville.

L'ère des découvertes

C'est à Svetranj, dit-on, que naquit le plus célèbre explorateur de Molvanie, le légendaire **Jolp Trubazbor**. Le 13 juin 1468, Trubazbor et sa vaillante équipe quittèrent Lutenblag à bord de trois navires. Il leur fallut pratiquement trois mois pour leur faire traverser les montagnes. La mer Baltique atteinte, le périple put commencer, destination les mystérieuses Indes orientales. Inexplicablement, ils mirent le cap au nord-ouest et accostèrent en Scandinavie. Plantant le drapeau molvanien, Trubazbor décréta que la Suède s'appellerait désormais la **Jolplande**. Mais lui et les siens durent vite se replier et retraverser la mer Baltique sous une grêle de flèches. Des semaines de viols et de pillages s'ensuivirent, jusqu'à ce que Trubazbor soit finalement contraint de fermer la salle de jeux du navire. Il mouilla l'ancre en Pologne, où les choses ne firent qu'empirer. Près du port de Gdansk, par une froide nuit sans lune, il perdit deux de ses navires aux cartes. Refusant la défaite, l'expédition poursuivit son périple. En 1471, Trubazbor, chargé d'épices, d'esclaves et de trésors, rentra au pays. On lui réserva l'accueil traditionnel des héros : on le dévalisa.

OÙ SE LOGER

Trouver un logement convenable à Svetranj peut être déroutant, car la ville a adopté un système de classement qui lui est propre, allant de six étoiles (hôtels de luxe internationaux) à une étoile (centres de détention pour réfugiés). Quant au coût, tout dépend de la situation géographique. Plus l'hôtel est excentré, plus le tarif sera élevé. Si vous désirez un lit deux places, pensez à le préciser au moment de réserver. Sinon, vous aurez d'office des lits jumeaux, ou bien – moyennant un coquet supplément – des jumeaux dans votre lit.

$$$ Hôtels - Catégorie supérieure

Quoiqu'un brin excentrée, l'une des pensions les plus anciennes de Svetranj est la mythique **Ozjbrej Schatoj**. Les plus anciennes références à cette institution remontent à 1252. Les plus récentes datent de 2005 – c'est le rapport des Services de l'Hygiène. Le « Ozj » offre des chambres luxueuses dans un décor opulent de style presque viennois, mais les services et le confort restent résolument molvaniens.

90 Av Maj 1
51 5698
51 5697
ozj@molnet.co.mv
58
DC, MC, V

Pour le voyageur sportif prêt à parcourir quelques kilomètres, l'idéal c'est l'**Hotlj Zport**. Situé à la lisière du complexe sportif de Svetranj, le « Zport » dispose d'une piste de course, de salles de squash et d'un étang de décantation aux normes olympiques. L'hôtel possède même son propre terrain de foot ; chaque samedi est organisé un match personnel de l'hôtel contre clients de l'hôtel.

À noter : Pour cause de violences sur le terrain, il est fortement déconseillé de participer à ces rencontres. Attention surtout au concierge.

267 Av Maj 1
50 0696
50 0697
sport@moldi.co.mv
200
DC, MC, V

Bâti sur une colline, dominant la ville, le **Gzizco Hzorbec** est l'un des plus vieux hôtels de Svetranj. Cependant, suite à une inadvertance architecturale, toutes les chambres donnent côté colline. Point positif : on n'est pas dérangé par un excès d'air ou de lumière naturelle.

Sv Franco
55 3856
55 3855
gzizco@molnet.co.mv
54

$$ Hôtels - Catégorie moyenne

Non loin de la rivière, l'**Hotjl Connardj** surplombe le quartier animé des quais, à un jet de pierre de la grand-place – ce que confirmèrent les émeutes de 1997, lors desquelles plusieurs fenêtres furent brisées par de turbulents contestataires. Service à la bonne franquette. Un client rapporte néanmoins avoir été brutalisé pour s'être présenté avec quelques minutes de retard au petit déjeuner.

75 Sv Krakjl
56 2314
56 2315
jerko@moldi.co.mv
29
DC, MC

L'Hotjl Zibberief est un petit établissement familial du centre. Des chambres propres, modernes et confortables à tous les prix dans cet hôtel qui a fait l'objet d'une rénovation complète, de même que la dentition de son patron. La plupart sont pourvues d'un téléviseur et de toilettes privées.

33 Bvd Busjbusj
59 5696
59 5697
zibber@moldi.co.mv
18
DC, MC, V

$ Hôtels - Petits budgets

La **Plepjic Vaz** est une *pensione* du XVe siècle « bien située », selon ses propriétaires, qui habitent la porte à côté. En arrivant du centre-ville (14 km) on ne partagera peut-être pas ce point de vue. Le décor plutôt terne est compensé par des plantes d'appartement, et une variété bigarrée de moisissures dans la salle de bains.

354 Av Proskylo
52 5600
24
V

On trouve à Svetranj toute une variété d'auberges de jeunesse moins onéreuses que les hôtels. L'été, il est essentiel de réserver à l'avance, surtout depuis que la plus connue, **Djormi**, a fait l'objet d'une fermeture administrative, après qu'un système de caméras vidéo a été trouvé dans les douches des femmes. Viktor Djormi, le propriétaire, a commencé par plaider l'innocence. Il a néanmoins fini par admettre que les caméras avaient été placées par souci de sécurité, afin d'éviter les vols de savons et de serviettes. L'instruction se poursuit (cela fera bientôt deux ans que les jurés visionnent les preuves filmées).

Fermé pendant l'enquête judiciaire.

OÙ SE RESTAURER

Capitale gastronomique des Alpes de Molvanie, Svetranj propose des mets raffinés. Dans les meilleurs établissements, on goûtera le *pvork zpiitka* (**cochon rôti** servi avec une pomme dans la gueule). Recette délicate car la pomme doit être enfournée entre les crocs de l'animal vivant. Les gourmets disposés à tenter une expérience gustative plus sobre, se rabattront sur un *vzarjkil* (restau bio), à condition de ne craindre ni la vieille friture ni la fumée de cigarette.

$$$ Les **meilleurs** restaurants

Juste sur la grand-place, le **Kisbzucten** est incontestablement le restaurant le plus connu de la ville. Repas copieux, généralement à base de chou, crème, pommes de terre, saucisses et abats (en entrée). Les moins affamés préféreront un plat plus léger – un bol de guzpa (soupe épaisse à base de paprika et de graisse d'oie), par exemple.

✉ *23 Platka dj Busjbusj*
☎ *55 5330*
▤ *DC, MC, V*

En seulement vingt minutes de voiture, vous serez à la **Kbadi**, une spacieuse *tavernja* spécialisée dans la cuisine rustique. L'endroit, bien que fameux, est si éloigné du centre qu'il est parfois difficile de trouver un taxi pour rentrer. Une des solutions consiste à inviter votre chauffeur à partager un plat léger. La plupart sont ravis d'accepter un bol de soupe et un carafon de deux litres de vin maison.

À noter : C'est la meilleure façon de vous assurer d'un moyen de locomotion pour le retour. Inconvénient : il vous faudra sans doute conduire.

✉ *243 Sv Tritkul*
☎ *52 1246*
▤ *MC, V*

Réservez à l'avance si vous voulez un siège en terrasse à l'un des fameux cafés de Svetranj (supplément pour les tables).

$$ Se restaurer à prix abordables

Autre institution culinaire, le **Zad Gjorjze** (Bistrot Chez Georges), immense gasthaus où l'on déguste de copieux plats régionaux cuits dans un traditionnel *petzda* (four à essence). Venir tôt pour profiter des extras compris dans le menu : jazz et bagarres générales.

✉ *54 Bvd Busjbusj*
☏ *54 7834*

Pour un véritable régal en plein air, le **Tjuj Meda** (juste en face du musée) propose d'exquis produits du terroir. L'été, assis sous le grand chêne à siroter une bière locale, on appréciera l'atmosphère ambiante. Il est impératif de réserver les samedis soir, lorsqu'il y a foule : on se presse, en effet, pour assister à ce festin typique de Svetranj, au cours duquel un cochon sauvage est tué à la main puis grillé à la broche (pas nécessairement dans cet ordre) avant d'être dévoré par les clients affamés.

✉ *12 Sv Nazjonal*
☏ *59 7830*

$ Fast-foods et Snack-bars

Pour grignoter sur le pouce, il suffira de traverser la rivière. Le **Bistroj Cravben** est un agréable café situé à quelques encablures du centre-ville. Le menu change souvent. Ce qui, malheureusement, n'est le cas ni des nappes ni des serviettes.

✉ *54 Sv Italia*
☏ *50 2655*

En plein centre, la **Kaça Zrzaveho** (mot à mot « Maison Puante ») est un restaurant étonnamment populaire. Chaque plat semble avoir été amoureusement préparé avec les produits les plus frais. Ce qui n'est, bien sûr, qu'une illusion – la plupart des mets ayant été congelés dans une usine de traitement slovaque.

✉ *76 Bvd Busjbusj*
☏ *51 2765*

Le poisson en bocal (suite) !

Grâce à la proximité de la Connardj, les restaurants de Svetranj sont en mesure de proposer un large assortiment de poissons. Truites, brochets, morues, ainsi qu'une espèce rare de dauphins d'eau douce. Le nec plus ultra est le ***kjerzenko****. Mais attention : ce poisson exquis, qui vit exclusivement dans la région, est éminemment toxique ; il ne peut être préparé et servi que par des chefs cuisiniers émérites. La découpe du poisson implique l'excision d'une glande, à l'arrière de la tête : la seule partie comestible de l'animal, que l'on cuira ; le reste sera jeté à la poubelle ou bien donné aux volailles à titre de complément nutritionnel.*

À VOIR ET À FAIRE

Un bon moyen d'explorer la ville est de la découvrir via la Connardj. Il est possible de louer des **barques** *(plunkas)* à l'**embarcadère de Svetranj**. Ces embarcations aux couleurs pimpantes ne coûtent que 20 $\$$ l'heure (prévoir 100 $\$$ de plus pour les avirons). Un voyage au fil de l'eau vous fera découvrir de nombreuses raretés architecturales, dont le **vieux donjon** (*kzmurta*) où les prévenus étaient interrogés à l'aide de tisons incandescents, avant d'être jetés du toit pour s'écraser sur les rochers, promis à une mort effroyable. Heureusement, cette forme de justice sommaire fut abolie en 1978. Le donjon reste un souvenir saisissant, témoin précieux de l'âpre passé de la Molvanie.

La Connardj, sinueuse et pittoresque rivière.

La **cathédrale de Svetranj** fut construite sur les hauteurs, dans la plaine d'inondation qui surplombe la ville. On perçoit clairement deux époques de construction. La partie inférieure est typique de la fin de l'ère gothique, tandis que la coupole et le dôme doivent énormément aux avancées du XXe siècle en matière de revêtement aluminium.

Le musée archéologique de Svetranj est ouvert tous les jours sauf le lundi, mercredi, jeudi et le week-end. On y trouve des pièces remarquables : bronze de Liburnie, **reliques romaines**, ainsi qu'un poil pubien qui aurait appartenu à un archevêque du XIIIe siècle. Les visites organisées donnent pleinement satisfaction, même si les guides réprimandent facilement les visiteurs tentés d'écourter la visite.

Bu-Bu le réformateur

Devant l'Unjverstat Politikat se dresse une statue de l'ancien Premier ministre « Bu-Bu », brandissant trois doigts victorieux (les autres ayant été sectionnés suite à un accident de coutellerie en 1932). C'est à Bu-Bu que l'on doit les mesures législatives assurant la séparation des trois pouvoirs régissant l'autorité fédérale de Molvanie : le judiciaire, le législatif et la mafia.

L'une des artères les plus fameuses de Svetranj est le long **boulevard central**, bordé de cafés et de restaurants, à l'ombre de la double rangée de platanes. L'été, à la nuit tombante, les locaux arpentent le *passegjeco* (promenade) : la haute société vient voir et s'y montrer. Malheureusement, le rituel connaît actuellement un manque d'engouement en raison de la recrudescence simultanée des cambriolages – œuvre, dit-on, de Tsiganes mal intentionnés.

À deux pas de la cathédrale, vous trouverez la célèbre **librairie Jana Cvecej**, qui vit le jour en 1957 : collectionneuse de livres et auteure prolifique, Jana s'inquiéta de la médiocrité de l'offre littéraire locale. Le magasin offre désormais plus de 7000 titres. Seul inconvénient : tous ont été écrits par Cvecej elle-même.

Djar Rzeumerten

Un grand penseur...
Au nord de Svetranj, au 1120 Sv. Livinski Obala, vous trouverez une modeste résidence en pierre ; c'est là que Djar Rzeumerten, le **philosophe le plus illustre** de Molvanie, passa son enfance. Né en 1768, il développa une pensée très en avance, dont la principale conclusion fut de prouver que lui-même n'existait pas.

Le 6 juin, chaque année, pour les habitants de Svetranj c'est la fête des Saints penchés.

LA GRANDE PLAINE

Contrastant avec les puissantes montagnes qui s'élèvent fièrement à l'est, la plaine qui s'étend aux alentours de Svetranj fut baptisée par les Romains *Plana Monotona Desolata*. Ici, la végétation est typique de la Molvanie centrale : chardons et mauvaises herbes alternent avec des secteurs arides et rocailleux. La **beauté rude** de ce paysage austère s'étend à perte de vue et, depuis des siècles, attire peintres, poètes, romantiques et autres consortiums du ciment. Depuis des temps immémoriaux, cette immense prairie est la patrie des *cziksos* (bergers). Aujourd'hui encore, on les voit mener paître leurs troupeaux à travers ces mornes terres **balayées par les vents**. Ces individus hauts en couleur arborent encore leurs habits traditionnels. Les chevaux, en revanche, ont été remplacés par de bruyants tricycles à moteur importés d'Ukraine, dirigés à l'aide de rênes. Chaque *cziksо* s'occupe d'un imposant troupeau de moutons et de plusieurs chiens de bergers *zuti*. Si les brebis sont prisées pour leur lait et leur laine, les chiens le sont pour leur viande, que l'on dit exquise.

QUAND S'Y RENDRE

Septembre est la meilleure période pour découvrir la Grande Plaine – l'époque des **vendanges**. Les habitants constituent une communauté très religieuse qui se réunit à l'occasion de messes et de cérémonies. Le point d'orgue a lieu le 22 septembre, lorsque les premières grappes sont foulées aux pieds par une jeune vierge (faute de la trouver sur place, on la fait venir de Hongrie). L'hiver est également une bonne période, c'est le moment où l'on **récolte les précieuses truffes**.

Les visiteurs se réjouiront du spectacle de ces cochons spécialement entraînés pour repérer les truffes ; une fois le précieux tubercule localisé, on recourt aux méthodes d'extraction traditionnelles : explosif ou pelleteuse.

Que la fête commence !
Des douzaines de petites bourgades, certaines ne comptant guère plus de quelques centaines d'âmes, sont disséminées dans la Grande Plaine. Chaque village, chaque hameau a son propre festival. On y boit, on y danse, on s'y bagarre. Ces fêtes sont appelées *vecborjas* (week-ends). Les touristes y sont en principe les bienvenus.

Le bétail de la Grande Plaine a été génétiquement modifié : avec deux pattes seulement, les bêtes ont un rendement inférieur en termes de viande, mais le rassemblement du troupeau est tellement plus aisé !

Ce qu'en dit Philippe...

“Il y a quelques années, j'ai traversé Svetranj avec un groupe d'amis qui m'a soudain laissé tomber. J'en ai eu marre des habituels pièges à touristes et autres boutiques de souvenirs. Alors j'ai hélé un taxi et dans mon meilleur molvanien (!) j'ai demandé au chauffeur de m'emmener au cœur véritable du pays. Après deux heures et demie de route, il m'a lâché en plein désert. C'est seulement après coup que j'ai réalisé que c'était la Grande Plaine. Au bout de quelques jours, en m'effondrant de faim et de froid, j'ai réalisé que j'étais en train de vivre une expérience inoubliable !”

P.M.

COMMENT CIRCULER

L'idéal, pour apprécier cette région résolument rurale, ce sont les circuits en 4x4 avec guide. Les offres d'excursions ne manquent pas ; Zvedir Zafarji propose par exemple des **forfaits aventure** de deux, cinq ou sept jours. Vous suivrez d'anciens chemins de bergers et serez logés sous des **tentes en peaux de bêtes**. Grâce à Zvedir Zafarji on comprend à quel point la vie a dû y être dure, austère, monotone.

OÙ SE LOGER

Les moins intrépides passeront une nuit au **Ranch de la Grande Plaine**, à 25 km de Svetranj. Ils dormiront dans d'authentiques *empestas* (huttes traditionnelles) couvertes de bouses, et verront les légendaires cow-boys locaux. Les chevaux s'arrêtent, virevoltent, sautent et tournent sur eux-mêmes, menés à la baguette (électrique, certes) de cavaliers talentueux. Les spectacles ont lieu pendant toute l'année, chaque week-end. En cas de mauvais temps, les festivités se déroulent au mess. Réservations obligatoires.

La région a récemment connu la montée de l'*aggro-turizm*, plusieurs propriétés offrant de passer la nuit sur place. Cuisine maison exquise, avec découverte du **travail à la ferme**. Le programme a récemment été suspendu, en attendant de trouver un remède contre l'épidémie de maladie du charbon sévissant actuellement.

VAJANA

Ce bourg médiéval était encore récemment un ramassis de taudis agglutinés autour d'un lac pollué, non loin des contreforts suppurants du **mont Toxyk**, jonchés de détritus. Bref, une destination peu alléchante pour le vacancier. En 1976, la commune a pourtant reçu le label « Ville propre ». Cette distinction inaugura une ère nouvelle pour Vajana, qui offre aujourd'hui **un grand confort** et une vie nocturne trépidante – malgré le couvre-feu de 22 h imposé par les militaires. Les visiteurs friands de culture locale, mais sachant aussi apprécier des loisirs plus « adultes », visiteront avec plaisir **Jambzecartezj**, le temple du *lap-dancing* folklorique.

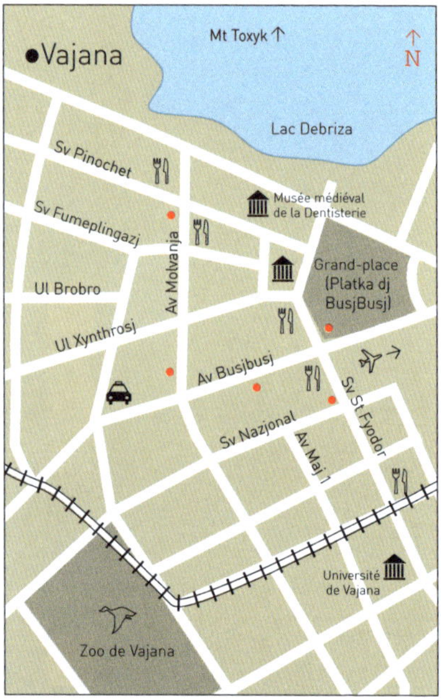

HISTOIRE

La cité fut fondée en 720 par la grande matrone Besbolja, qualifiée de « Mère de tous les Molvaniens », sans doute parce qu'à l'époque la population totale s'élevait à 14 habitants, qui étaient tous ses enfants. Au xve siècle, Vajana fut baptisée le « creuset culturel » de Molvanie. Durant l'**Inquisition balkanique**, il existait en effet un creuset à l'intérieur duquel les minorités ethniques étaient réduites.

Au Moyen Âge, les médecins de Vajana découvrirent de nouvelles méthodes complexes. Ici, des praticiens procèdent à une amputation, tout en obtenant la confession du sujet.

COMMENT S'Y RENDRE

Voiture. La principale route reliant Svetranj à Vajana à travers les plaines est à une voie. Gare aux nombreux nids-de-poule. La chaussée est souvent fermée pour cause de chutes de neige, de rocs ou de cheveux (*cf.* « déchets chimiques »). Avant de prendre le volant les automobilistes sont invités à se manifester auprès de la **gendarmerie de Vajana** (☎ 06/43677214). Il est prudent d'indiquer votre préférence concernant votre dépouille, en cas d'événement malheureux (enterrement ou crémation).

Sur l'autoroute Svetranj-Vajana, des camions transportant des travailleurs migrants marquent un arrêt pour apprécier la vue panoramique.

Avion. L'idéal pour ceux qui voudront éviter un long périple automobile. L'**aéroport Ruzbcil** doit son nom à Hlavni Ruzbcil (1952–1997), l'un des scientifiques aéronautiques les plus distingués de Molvanie, qui fut le premier à établir un lien entre la cigarette au moment où on fait le plein et la mort par le feu. Il a malheureusement péri au cours de ses recherches.

COMMENT CIRCULER

Vajana est une agglomération relativement peu étendue, qui se décompose en moitiés (au nombre de trois). Les **transports en commun** étant lents et peu fiables, mieux vaut compter sur les taxis. Les tarifs pratiqués sont généralement compétitifs. Attention toutefois aux discounts excessifs ; certains véhicules ne sont pas équipés de gadgets sophistiqués (direction assistée, freins).

Vajana, la Vieille Ville.

Vajana, ville nouvelle.

OÙ SE LOGER

À Vajana, rares sont les hôtels de bonne qualité. Ceux qui existent ont dernièrement connu de fortes hausses en matière de tarifs et de taux d'humidité. Durant l'été, l'**université de Vajana** ouvre ses portes aux visiteurs, leur permettant de louer une chambre d'étudiant ou, le cas échéant, un étudiant. Tarifs étudiés. Parmi les autres possibilités, citons :

$$$ Hôtels - Catégorie supérieure

Le **Vanaja Ritzzz Hotjl** est sis sur la pittoresque grand-place – délice pour les clients, mais véritable cauchemar pour la place elle-même, défigurée par l'esthétique de l'hôtel : béton, façon bunker. Les chambres de derrière, avec « vue sur montagne », donnent bel et bien sur l'empilement d'épaves de voitures.

À noter : Le personnel est sympathique et parle plusieurs langues. Ne pas hésiter à demander une chambre avec balcon. Vous ne l'obtiendrez pas, mais les employés auront ainsi l'occasion de pratiquer leur anglais.

6 Platka dj Busjbusj
90 1196
90 1197
ritzzz@moldi.co.mv
50
DC, MC, V

Grandes eaux !
En raison de l'irrégularité du débit d'eau, les clients des meilleurs hôtels de Vajana n'utiliseront les bidets (*frekljsqirtz*) qu'avec circonspection. Comme le fait remarquer un visiteur : « Il ne faut pas confondre hygiène personnelle et lavement. »

Le Vajana Ritzzz Hotjl compense son manque de charme par sa prestation en béton.

$$ Hôtels - Catégorie moyenne

L'**Hotjl Ozjecmet** n'est pas d'une beauté renversante, mais on y trouve des chambres confortables à des prix raisonnables. Le service est efficace, quoiqu'un peu musclé. Un client nous fait part de sa surprise le jour où une femme de chambre, qui voulait faire le lit de force, s'est présentée, flanquée de plusieurs collègues, pour faire main basse sur la couette. L'équipe a ensuite refusé de sortir tant que les chocolats offerts par la maison ne seraient pas dûment ingurgités.

78 Av Busjbusj
91 1961
91 1962
oz@molnet.co.mv
34
MC, V

Le voyageur harassé sera bien inspiré de réserver une chambre au **Club Spza**, un nouvel hôtel-boutique qui met l'accent sur la relaxation. Outre le jacuzzi et le sauna, plusieurs types de massages sont proposés : curatif (non sexuel), en profondeur (non sexuel), blessures sportives (non sexuel), érotique double lesbiennes seins nus (non sexuel).

54 Av Molvanja
94 8686
94 8687
spza@moldi.co.mv
32
DC, MC, V

$ Hôtels - Petits budgets

L'été, les dortoirs de l'**université de Vajana** sont désinfectés par fumigation et ouverts aux visiteurs. Des repas copieux et peu onéreux sont également servis à la cafétéria installée au fond de l'école vétérinaire de l'université.

212 Sv St Fyodor
92 9575
92 9555
uni@molnet.co.mv
302 *DC*

Autre possibilité, **Chez Olga**, petite auberge privée tenue par la fougueuse Olga Kramcevsk, immigrée polonaise devenue hôtelière. Les chambres sont exiguës et le confort rudimentaire, mais ce n'est pas cher. On pourra se détendre dans le jardin ombragé envahi de mauvaises herbes : ici, comme sous les aisselles de la propriétaire, ça pousse à tout va.

45 Av Molvanja
99 0343
olga@moldi.co.mv
8
V

Un voyageur averti en vaut deux
À Vajana, dans les établissements modestes, chacun prépare son petit déjeuner. Avant d'utiliser le grille-pain, vérifier que vos chaussures sont équipées de semelles isolantes.

OÙ SE RESTAURER

C'est à Vajana qu'on déguste l'authentique cuisine rustique de Molvanie. Le *berkmec* (souvent servi en dessert dans un cône de glace) est un succulent mélange de foie et d'abats. Le *gerbmec*, un potage riche et épais, qui doit son appellation à l'ancien maire de Vajana, doté lui aussi de ces deux qualités. Outre les restaurants classiques, Vajana connaît une recrudescence de restaurants dits « BYO ». Ces établissements ne vendent pas d'alcool, mais les clients peuvent y apporter leur propre bouteille. Une taxe de 20 % sera appliquée ; on pourra s'en acquitter en laissant le serveur boire 20 % de la bouteille.

$$$ Les **meilleurs** restaurants

Tout près de l'hôtel de ville, **Tozi Rzal** est un vénérable bâtiment de brique aux plafonds voûtés et aux sols en terre cuite. On dit que le premier ministre Busjbusj y a jadis vomi. La carte propose divers plats somptueux, suivis d'un sorbet qui nettoiera votre palais avant le dessert - lequel dessert, malencontreusement, est aussi un sorbet.

✉ *10 Platka dj Busjbusj*
☎ *94 6866*
▤ *DC, MC, V*

Le **Vebrizic Bistroj** est l'un des restaurants les plus réputés de Vajana. Depuis des années, on s'y presse pour admirer le chef concocter sa spécialité : venaison cuite dans sa sauce flambée au cognac, présentée tout feu tout flammes sur son assiette grésillante. L'établissement a malheureusement disparu dans un incendie, l'année dernière. Des projets de reconstruction sont à l'étude.

✉ *63 Av Busjbusj*
Fermé pour cause d'incendie.

$$ Se restaurer **à prix abordables**

Dans un style sensiblement plus décontracté, **Valgzos** est une auberge de type *tavernja* spécialisée dans une cuisine du terroir à base d'oignon, de piment, de paprika, de chou et de lentilles rouges. Il faut impérativement réserver, et s'assurer d'un siège près de la fenêtre.

✉
☎ *32 Sv Puffnstuff*
93 6934

$ Fast-foods et Snack-bars

Pour qui cherche à manger sur le pouce, les **Subwayzs** sont des snack-bars de choix. Largement inspirés de la chaîne américaine à l'appellation similaire (l'instruction du procès suit son cours), ils proposent en particulier des « formules régime », garanties moins de 600 g de graisse animale.

✉
✉ *34 Sv Puffnstuff*
✉ *23 Av Busjbusj*
75 Sv Pinochet

À NE PAS MANQUER

De nombreux visiteurs viennent à Vajana visiter son fameux **zoo en plein air**. Une simple promenade sur place vous fera comprendre pourquoi. Réparti sur quatre hectares de jardins luxuriants, ceint d'une barrière électrique, le zoo de Vajana propose l'une des plus grandes collections d'animaux et oiseaux en Europe de l'Est. Avec ses 2500 animaux et 400 espèces dans 65 cages seulement, c'est officiellement la **densité la plus élevée** d'enfermement animal au monde. Le zoo est ouvert en semaine de 9h à 16h30 ; les vendredis, le vétérinaire donne une conférence expliquant à quelles pathologies ont succombé les animaux la semaine passée.

L'une des principales attractions du zoo de Vajana est la sterne mouchetée de Molvanie, le seul volatile aquatique qui respire par l'anus.

Juste en face de l'hôtel de ville se trouve le **musée médiéval de la Dentisterie** (*Muszm Dentjk Dedjvl*). Des visites de ce lieu quelque peu macabre mais fascinant sont possibles en semaine. Une installation vidéo sonore vous invite à revivre les progrès de l'hygiène dentaire. Un visiteur nous dit avoir apprécié le caractère éminemment instructif de ce circuit de plus de 150 minutes, sans doute un peu trop détaillé, surtout dans le registre des **maladies inflammatoires de la gencive**.

Au nord de la ville, vous trouverez les eaux tranquilles du lac Debrizca, une retenue d'eau de 134 hectares qui attire aussi bien les plaisanciers que les familles venues pique-niquer. Les bus touristiques y viennent également pour vidanger leurs toilettes. Si la prudence s'impose, le site n'en reste pas moins de toute beauté. Différentes activités sont proposées sur place : ski nautique, planche à voile, parachute ascensionnel (délicat compromis entre le parapente et le suicide).

Le lac Debrizca s'est formé à l'âge glaciaire (il y a 65 millions d'années), puis fut ensuite agrandi durant l'âge hydro-électrique (les années 1950).

L'artisanat en cèdre de Molvanie attire les foules à Vajana. Il convient cependant d'indiquer que le robuste cèdre de Molvanie, une fois coupé, se fendille facilement et se fissure sans prévenir. C'est également le seul bois qui rouille.

Le fameux Château Sachling de Vajana.

Vajana a toujours été une région vinicole. On y produit le seul riesling rouge au monde. Le cépage le plus fameux est assurément **l'amersauvignon**. Les œnologues peinent à en décrire le goût ; la plupart évoquent le **zeste de citron fermenté**. La peau du raisin, particulièrement coriace, n'a pu pendant longtemps être écrasée qu'à coups de **crosses de fusil**. Le liquide ainsi obtenu est extrêmement astringent et doit être passé au filtre. Le premier jus sera réservé à la cuvée de qualité supérieure, le second servira à tanner des selles.

Sur les bancs de l'école...

Lorsqu'on pense enseignement alternatif, on pense bien sûr Montessori ou Steiner. Mais la Molvanie a également développé un système d'apprentissage précoce, s'appuyant sur les écrits d'un visionnaire natif de Vajana : V.Z. Vzeclep (1823-1878). Les **Vzeclep Instjtuts**, ainsi qu'on les nomme, se sont développés dans tout le pays et s'articulent autour du précepte *Ne Drabjovit Vard Szlabo* (littéralement « Ne pas trop charger la mule »). Ce système met essentiellement l'accent sur la position du corps et la respiration. À Vzeclep, les élèves passent leurs six premières années scolaires harnachés dans des baudriers spécialement conçus.

La promo de 1952. Les joyeux élèves de la première école Vzeclep apprécient la récréation hebdomadaire.

LA CHAÎNE DES POSTENWALJ

Depuis l'installation de coûteux équipements de sports d'hiver, les Postenwalj sont devenues un paradis pour les skieurs, offrant des pistes impeccables sur un solide socle de basalte.

Le sud de la Molvanie , c'est bien sûr avant tout la fameuse chaîne des Postenwalj, à quelques centaines de kilomètres de Svetranj. Cette région fort boisée, fréquentée par les randonneurs, les skieurs et les personnes à la recherche de fosses communes, est devenue un **parc national** en 1965. Quelques années plus tard, elle fut déclarée zone sinistrée après qu'un engrais, déversé dans la **Vzingta**, a menacé de faire périr la totalité de la faune. Mais depuis lors, de gigantesques efforts ont été déployés pour que la région recouvre sa beauté originelle. Le parc, il faut le reconnaître, est un peu victime de son succès, et il arrive qu'on le trouve un peu trop fréquenté, surtout les week-ends lorsque les membres du club de tir de Svetranj viennent en altitude pour s'exercer. À ces périodes, les promeneurs sont invités à se vêtir de tenues claires. Toute ressemblance avec un élan ou un paysan tsigane est à éviter.

Silence, on tourne !

Les Postenwalj ont failli connaître une renommée internationale. L'affaire remonte à quelques années, lorsque les producteurs de l'émission de télé-réalité « Kohzj Ljantzazj » ont décidé de venir tourner ici. L'opération, qui devait apporter un coup de pouce décisif au tourisme de la région, a tourné court dès le premier jour, plusieurs participants ayant accidentellement sauté sur une mine..

COMMENT S'Y RENDRE

De Svetranj ou de Vajana, on se rend dans les Postenwalj par autocar. La fréquence des trajets dépend de la saison et de l'humeur du chauffeur. Il existe également un tunnel permettant l'accès depuis la Hongrie – souvent fermé pour cause de travaux ou d'interventions de secours.

Principaux panneaux de signalisation dans les Postenwalj.

OÙ SE LOGER

L'entrée principale du parc national des Postenwalj est à peine franchie qu'on aperçoit un somptueux château du XVIIe siècle, ayant jadis appartenu au duc de Svetranj (lequel devint ensuite le roi Prablik-le-Querelleur). Désormais ouvert au public, l'édifice a été transformé en hôtel. Un petit café y propose également des repas légers. Quant au « musée » hébergé sur place, un lecteur nous informe qu'il s'agit davantage d'un magasin de souvenirs hors de prix, dont les seules antiquités sont les vieux *mazgnetjs* pour réfrigérateurs et les pâtisseries. On accède au château par une passerelle enjambant une douve abritant quelques ours. Un panneau avertit le visiteur de ne pas s'approcher : si les ours n'ont ni crocs ni griffes, ils sont, en revanche, porteurs d'une forme de gale hautement transmissible.

11 Sv Busjbusj
99 9996
99 9997
14
DC, MC, V

C'est dans la plus somptueuse encore **Vilja Posten** que l'ex-Premier ministre Busjbusj accueillit de nombreuses têtes couronnées d'Europe. Trônant dans un jardin de six hectares au pied des montagnes, cette résidence historique fut transformée en hôtel-boutique en 1983, et intégra dès 1985 la très sélecte Association mondiale des hôtels de luxe. Adhésion qui dura jusqu'en 1992, date à laquelle il apparut qu'une telle association n'avait jamais existé.

À noter : Les chambres sont spacieuses et parfaitement équipées. Le coffre-fort peut le cas échéant servir de chambre d'enfants.

63 Sv Busjbusj
99 6427
99 6428
posten@moldi.co.mv
50
DC

Dans un registre un rien moins fastueux, les visiteurs prévoyant un séjour dans les Postenwalj ne regretteront pas une ou deux nuits en demi-pension à l'agréable **Manoir Jzuckblec**, qui fut jadis une ferme, ce qui explique peut-être l'odeur de bouse qui envahit les chambres.

59 Sv Busjbusj
99 6623
jzuck@moldi.co.mv
13
DC

OÙ SE RESTAURER

Non loin de l'entrée du parc national des Postenwalj, dans le ravissant hameau de Arjenspak, vous trouverez **Gostinka Lec**, un petit restaurant italien, dont tous les produits sont issus du potager maison. Après une copieuse soupe de courgette, on dégustera la roulade de courgettes servie sur son lit de beignets de courgettes. Le tout passera agréablement avec une chope de bière de courgettes. Pour changer, vous pourrez aussi goûter le **« jambon surprise »** (exclusivement à base de courgettes).

✉ *11 Sv Liski*
☎ *99 0996*

Dans le village voisin de Tzujek, vous trouverez le **Mzino**, un agréable bistrot populaire. Ici, la spécialité maison, c'est le boudin noir aux navets. D'aucuns apprécieront le plateau méli-mélo, composé de viandes cuites au BBQ et de riz. Vous pourrez aussi demander le menu enfant, approximativement identique, mais saupoudré de colorants aux teintes vives.

✉ *51 Sv Liski*
☎ *99 8535*

Ce qu'en dit Philippe...

« À quoi bon payer une fortune pour un fade repas à l'occidentale dans un café à touristes, alors que pour deux fois moins cher, un marchand ambulant vous vendra un morceau de morue salée et un sac de zeste de citron ? »

P.M.

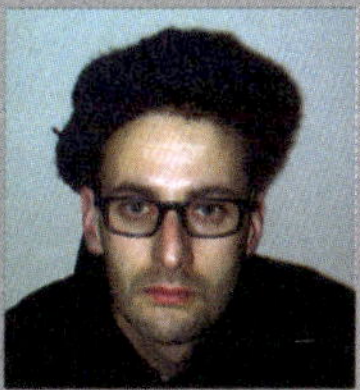

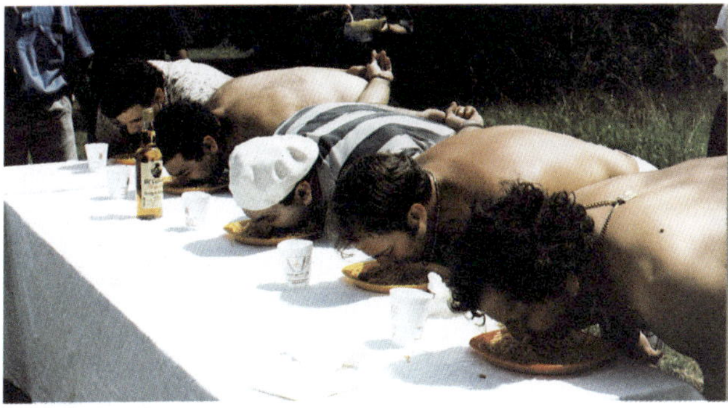

À table, dans certaines régions du sud de la Molvanie, il est considéré comme déplacé de réclamer des couverts.

À VOIR, À FAIRE

La randonnée est extrêmement populaire dans les Postenwalj. L'intrépide n'a ici que l'embarras du choix.

Les **gorges de la Vzintga** ont été creusées par la puissante rivière Vzintga qui, au gré de ses méandres, va de **bassins** en **cascades**. Un sentier fléché vous emmène au sommet des gorges. Vue sublime. Malheureusement, le téléphérique ne fonctionne plus, même si on voit encore les anciens pylônes et la salle des machines, ainsi que la plaque à la mémoire des 23 derniers passagers.

Le **lac Bzenco** (laq Bzenko) se pelotonne dans une combe ourlée de forêts d'épicéas. Un château sur une rive, une promenade sous les châtaigniers majestueux sur l'autre, on s'imaginerait facilement de retour au XVIIe siècle, si le Postenwalj Jet Ski Club n'y organisait de fréquentes manifestations.

Toutes nos excuses ! *Dans une précédente édition, nous disions des forêts situées au nord du lac Bzenco que c'étaient les « moins explorées » du sud de la Molvanie. Il fallait bien sûr lire les « moins explosées ».*

Ça baigne...

Si toutes ces activités vous paraissent un tantinet fatigantes, n'oubliez pas que les Postenwalj recèlent un trésor somptueux : l'une des stations thermales les plus admirables d'Europe. Les vertus curatives des **sources thermales** de Suintj sont connues depuis le Moyen Âge. Aujourd'hui encore, on vient profiter de leurs miraculeux bienfaits. Ces sources, dotées d'un taux d'acidité inhabituellement élevé, sont illustres pour leur effet au plan dermatologique : les affections de la peau disparaissent – comme la peau elle-même, par endroits. La plupart des sources appartenant à des particuliers, mieux vaut s'adresser à des résidences d'accueil telles que **Jredej Therjka**, où il sera possible de faire trempette pendant des heures. Le prix d'entrée comprend serviette, casier et poudre podologique contre les infections fongiques.

Pendant les mois d'hiver, on afflue de l'Europe entière pour skier dans les Postenwalj. La station la plus célèbre se situe sur le **mont Zacwcej**, qui offre des pentes adaptées aux débutants comme aux skieurs confirmés. Une des particularités du mont Zacwcej est de permettre le ski nocturne, grâce à un système de projecteurs, initialement prévu pour empêcher les membres mécontents du personnel de la station (Slovaques) de rejoindre leurs familles.

De nombreux sentiers de cyclotourisme sillonnent les contreforts montagneux. Mais trouver des vélos à louer n'est pas une mince affaire. À proximité de Tzujek, la **Ztumcej Tavernja** acceptera de vous en louer un, mais le patron, carrément lourd, insistera pour vous accompagner.

Le sang du Christ !
À un moment ou un autre, le traditionnel verre de *Karolcyi* vous sera proposé. La liqueur est concoctée par des moines de la congrégation Brigidine selon une recette remontant, dit-on, au Moyen Âge. Cette croyance fut récemment mise en doute quand le Frère Vedjuz, ancien membre de l'ordre, avoua que le breuvage se composait en grande partie d'éthanol et de sirop pour la toux. Étonnamment, les ventes n'ont guère été affectées par cette révélation.

En dépit d'une faible altitude (700 m), les Postenwalj attirent des skieurs de toute la Molvanie.

On réduit les coûts de tire-fesses en portant un ou plusieurs membres de la famille sur un seul forfait.

Bardjov
Lac Mzaukera
Dzrebo
Lublova
Uze
Lac Skrotul
STEPPES
ORIENTALES
Fiztula
zejenko

LES STEPPES ORIENTALES

[Stjppka Orjentlka]

LA RÉGION

Ici, la première chose qui frappe le nouvel arrivant, ce sont les couleurs : la luxuriance des verts, les bruns terreux, et le jaune dentaire si vif qui flamboie dans la bouche des habitants de ces **contrées isolées**. Si la partie orientale n'abonde guère en **beautés naturelles** et autres trésors historiques, on saura néanmoins, avec un peu d'astuce, trouver son bonheur, à condition de ne pas s'arrêter aux villes désolées de l'après-guerre et aux collines déboisées. Chaque année, de plus en plus de gens découvrent les Steppes orientales – en voyage organisé ou dans le cadre d'un programme de relocalisation de réfugiés – et sont charmés par ces **joyaux cachés** au sein d'une architecture datant de l'ère communiste, et au cœur d'une forte pollution. Certaines villes historiques, telle **Bardjov**, auraient inspiré jusqu'à Hugo lui-même :

Il neigeait. L'âpre hiver fondait sur les planches.
Après la haine franche une autre haine franche.
Hier la grande armée et maintenant les copeaux
On ne connaissait plus les chefs ni les appeaux.

Hors des villes, les sublimes sites naturels ne manquent pas. Ainsi, dans la farouche et grandiose région des lacs de **Mzaukera**, les oies sauvages reviennent d'un périple de 10 000 km pour se reproduire et se faire tirer dessus. Plus au sud, dans les **collines Pucjicj**, le bon randonneur pourra parcourir des kilomètres sans voir ni route ni pylône (à condition, bien sûr, qu'il fasse nuit).

En raison de son isolement, la Molvanie orientale a développé une culture qui lui est propre et qui s'exprime de maintes manières. La musique folklorique, par exemple, unique en son genre, privilégie ici le volume sur la mélodie. La cuisine locale, essentiellement à base de betterave, est bien curieuse. Ici, même le **dialecte régional intrigue**. On pense par exemple à la formule de politesse *ercj Djeum a vrozem-krum* (littéralement « Que Dieu insémine ta femme »). Ce sont précisément ces différences qui font toute la saveur d'un périple en Molvanie orientale.

Un voyageur averti en vaut deux

Si la jeune génération tend à se détourner des traditions, dans les régions les plus retirées, la population reste très traditionaliste. On évitera donc de se présenter trop légèrement vêtu, de montrer des signes d'affection trop évidents ou de suggérer que la terre ne serait pas plate.

En Molvanie orientale, des hommes jouent au Rubrav, un jeu de cartes assez proche du « strip poker », si ce n'est qu'au lieu de se dévêtir, le perdant se coiffe de serviettes de table.

BARDJOV

Bardjov (prononcer « Bardi-ce-jzoff ») est l'une des villes les plus excitantes de la Molvanie orientale. Capitale culturelle et historique, elle fournit également 70 % du **ciment** national. Juchée sur les plaines exposées de la toundra molvanienne, Bardjov souffre des assauts de la bora soufflant de l'est. Jamais en panne d'idées, le gouvernement a eu l'idée de mettre à profit cette source d'énergie disponible à l'année en installant une **ferme éolienne** en banlieue. Malheureusement, trois turbines sur les quatre ont explosé, empêchant cet ambitieux projet d'atteindre son plein potentiel. Ici, le vent et les mauvaises méthodes agricoles empêchent toute végétation de pousser. Et c'est précisément cette austérité et cette nudité qui font tout le charme de la région.

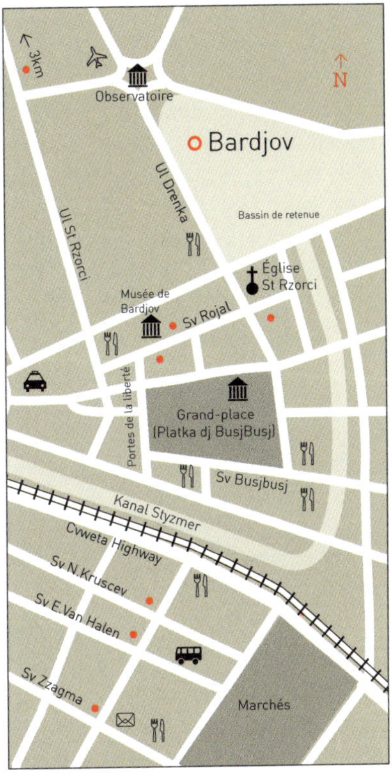

HISTOIRE

C'est **Zjabdre Ier** (1609-1665), premier duc de Bardjov, qui réalisa que la seule façon d'unifier son royaume, composé alors de tribus slovaques, croates et hongroises, serait d'unifier via le mariage les différentes factions en guerre. Aussi organisa-t-il les épousailles de son fils **Leostk**, à demi-prussien, avec la petite-fille de l'**empereur Theuzdo** de Slovaquie et de sa femme **Zzagma**, native de Budapest, dans l'espoir d'avoir un héritier pour pacifier la région. Le soir de la cérémonie, Zzagma empoisonna son mari, déroba les cadeaux de mariage et déclara la guerre à la ville. Des conflits intestins continuèrent de faire rage pendant des décennies avant que Bardjov ne tombe sous le joug de la **dynastie Zvetmir**. Parfois cruelle, la famille au pouvoir apporta à la région stabilité et **shopping jusqu'à minuit.** Un jour férié rappelle aux Molvaniens ces hauts faits ; au programme : pique-niques et opérations portes ouvertes dans les prisons.

ACHATS

En tant que carrefour régional de la contrebande, Bardjov est une ville formidable pour vos « cures shopping ». Déambulant parmi les échoppes, vous entendrez le son chaleureux du burin sur le cuivre. Souvent, il ne s'agira que d'un **dentiste** en action. Parfois ce sera un véritable artisan, mettant la touche finale à un cendrier, à une plaque d'identité ou à un set de verres à pied. Autre denrée de choix : les vêtements *fashion*. À Bardjov, on se refait une garde-robe intégrale à la mode dernier cri de l'an passé. Autre surprise : les **articles de cuir**, si bon marché (100 % vinyle).

COMMENT S'Y RENDRE

Bardjov ne possède certes pas de gare, mais le rapide Lutenblag-Bratislava y tombe régulièrement en panne. Quelle merveilleuse occasion d'explorer la ville ! On peut s'y rendre aussi en auto par la **Nationale Cvweta**. Attention, chaussée défoncée, virages dangereux et pentes abruptes requièrent un véhicule en bon état et un chauffeur expérimenté – ce qui exclut de fait la quasi-totalité des autocars molvaniens.

COMMENT CIRCULER

« Stimulants », c'est le moins qu'on puisse dire des transports en commun de Bardjov ; les trains et bus sont notoirement peu fiables. Meilleur moyen de locomotion : le taxi. Si la loi oblige le chauffeur à mettre en marche le compteur, aucune règlementation, en revanche, n'impose l'usage de clignotants ou de déodorants. Un point positif, cependant : un plexiglas de sécurité sépare le chauffeur du passager, protégeant le second d'une éventuelle agression du premier.

À Bardjov, les créateurs de mode se spécialisent dans la veste 100 % siège auto recyclé.

OÙ SE LOGER

Le **système molvanien de classement par étoiles** n'est pas harmonisé, ce qui, à Bardjov plus qu'ailleurs, peut dérouter. Un « cinq étoiles » pourra aussi bien signifier confort exceptionnel dans **cadre de rêve** qu'indiquer le nombre de WC qui fonctionnent. Un seul conseil : visiter l'hôtel avant de réserver une chambre. Hors de la ville, le choix est plus restreint, à l'exception de quelques pensions (attention aux heures de retenue en cas de retard au réfectoire).

$$$ Hôtels - Catégorie supérieure

Catégorie grand luxe, impossible de passer à côté de l'**Hotjl Palfvi**, à l'angle nord-ouest de la Szerti Platka. Ce couvent de Carmélites vieux de 250 ans a été restauré avec goût et minutie. Ainsi, chaque chambre est équipée d'un imposant crucifix en bois aménagé en minibar fort bien pourvu. Ici, grand confort, à commencer par la ventilation et la télé câblée. En ce qui concerne le jacuzzi électrique, prudence ! Comme l'indique le panonceau, en raison d'un système électrique défectueux, le mécanisme ne pourra être mis en marche qu'en présence des pompiers.

✉ *55 Sv Rojal*
☎ *74 3805*
℻ *74 3815*
@ *palfvi@molnet.co.mv*
46
DC, MC, V

Autre hôtel du centre-ville, le **Istvan Hozceski**, face au musée de Bardjov. Le vestibule est propre, lumineux, agrémenté de fleurs fraîchement coupées. Le reste laisse franchement à désirer : mêlant le caca d'oie et le vert vomi, la décoration n'est pas d'une beauté inoubliable, si ce n'est que ces coloris s'harmonisent à merveille avec l'eau de la piscine de l'hôtel. Le personnel est attentif, mais brutal. À un touriste demandant où il pourrait trouver une chambre non fumeur, il fut répondu : « En Autriche. »

✉ *78 Sv Rojal*
☎ *71 4021*
℻ *71 4022*
@ *istvan@moldi.co.mv*
56
DC, MC, V

Carnet de voyage : *En raison d'innombrables chantiers et autres rénovations entrepris dans la région de Bardjov, la municipalité a déclaré la totalité de la ville « en construction ». Port du casque obligatoire à toute heure.*

$$ Hôtels - **Catégorie moyenne**

Bon rapport qualité prix au **Vja Zac**, qui a ouvert récemment. Les chambres sont simplettes, comme le personnel. Des tarifs « stand-by » sont proposés aux clients prêts à attendre une annulation ou un décès brusque. Situé en plein centre-ville, l'hôtel est souvent bruyant. Difficile donc d'ouvrir les fenêtres. De toute façon, rares sont celles qui s'ouvrent.

12 Sv N.Kruscev
78 9696
78 9690
zac@moldi.co.mv
20
DC, MC, V

Face à la gare routière, l'**Holidaj Injn** est l'un des tout nouveaux complexes hôteliers de six étages. Comme dans la chaîne américaine au nom similaire, l'accent est mis ici sur l'homogénéité des prestations. La direction garantit la finesse des murs, le dysfonctionnement des toilettes et l'odeur de tabac froid. Un « espace jeux » (« *esjpaszj jszjsj* ») est également mis à la disposition du public : dans une pièce partiellement moquettée, vous trouverez un mini-billard et un jeu de cartes.

123 Sv E.Van Halen
74 2123
74 2122
holi@molnet.co.mv
90
DC, MC, V

$ Hôtels - **Petits budgets**

Bardjov ne manque pas d'hôtels bon marché, parmi lesquels l'auberge située au **10 rue Zzagma**. Ici, pas de panneaux, hormis l'inscription *Bzekevak* (« Condamné ») sur la sonnette. On y loue des chambres à la journée, ou à l'heure, selon votre profil de risque.

32 Sv Rojal
76 6023
youth@moldi.co.mv
98
DC, MC, V

L'**auberge de jeunesse de Bardjov** est appréciée des routards, des étudiants et de tous ceux qui leur tournent autour. Dortoirs « unisexe » (qui signifie un droit au sexe une fois par jour). Couvre-feu obligatoire à 22 heures.

10 Sv Zzagma
79 7050
12
MC, V

Le camping n'est guère recommandé à Bardjov. En raison des très forts vents, les tentes ont en effet tendance à s'envoler. En revanche, il est possible de louer de petits chalets au **Tzeodram Kravci**, un parc situé à 3 km du centre. Les conditions d'hébergement y sont rudimentaires, mais les prix sont bas – 120 $̶ la nuit ; 150 $̶ avec toit. Vue imprenable sur la carrière calcaire.

264 Ul St Rzorci
71 1236
6

OÙ SE RESTAURER

Bardjov n'est pas la capitale de la gastronomie. Dans les régions les plus retirées, les plats se limitent au rôti de porc au panais avec boulettes. Au bout de plusieurs semaines, ce régime paraîtra monotone. On pourra alors essayer de refuser les **boulettes** – mais il faudra s'acquitter d'un supplément. Autre poste susceptible de grever la note de restaurant : les vins de qualité importés sont taxés comme articles de luxe, au même titre que le tabac et les **antibiotiques**.

$$$ Les **meilleurs** restaurants

Pendant de nombreuses années, le restaurant le plus fameux de Bardjov fut le **Zoycvejs**, un bar à viande et fruits de mer situé face à la cathédrale. Le Zoycvejs était renommé pour ses grillades sur la table, à la flamme d'un charmant réchaud à gaz. Malheureusement, l'établissement a brûlé en 1999. Le **Zoycvejs 2** est désormais ouvert du mardi au dimanche (fermé le lundi et le mercredi et les jours de sécheresse).

✉ *51 Sv Rojal*
☎ *79 2692*
▭ *MC, V*

Les gens du cru disent du **Cafe Tradgjic** que c'est le meilleur restaurant de Bardjov. À éviter coûte que coûte.

✉ *89 Sv Rojal*
☎ *74 9898*

En quittant le bureau de poste, une brève promenade sur Bzecvec Ulijca vous mènera droit au **Bistroj Zjekl**, un restaurant agréable, dont la spécialité est le gibier. Mets de choix à découvrir absolument : le rôti de porc bleu, le ragoût de lièvre à la crème, la terrine d'écureuil.

✉ *42 Sv Zzagma*
☎ *73 2834*

Testicules de mulet suspendus à un arbre. Une fois séchés, ils deviendront des jouets pour enfants ou seront servis comme « viande en conserve » dans un des nombreux restaurants de Bardjov.

$$ Se restaurer à prix abordables

Pour une bonne dose de couleur locale, rien ne vaut le snack-bar **Wjikic**, à deux pas de Sv Marji. L'atmosphère y est sans chichis, tout comme la conception que le personnel se fait de l'hygiène. Mais la cuisine – dite « molvanienne nouvelle » – y est bonne, moins axée sur la fraîcheur ou les saveurs que sur la quantité. Le hareng à la sauce aux champignons est à essayer absolument – un dessert inoubliable.

✉ *64 Sv Busjbusj*
☏ *71 3211*

Toutes nos excuses ! *Dans notre édition précédente, il fallait lire « Les gourmets sont toujours les bienvenus dans la* ***brasserie de Maria****. » À notre connaissance, ils le sont moins dans sa « brassière ». Toutes nos excuses à Maria pour le tort causé ou la brusque affluence.*

$ Fast-foods et Snack-bars

Les « Pitserias » sont de plus en plus appréciées à Bardjov. La dernière en date, **Pitsa Hutj** est un endroit paisible où se côtoient étudiants et SDF. Si les livraisons sont possibles dans les hôtels alentour, la fiabilité des moyens transports peut entraîner un retard de 24 heures, mais pas de panique ! Chez Hutj, même froides, les « pitsas » sont exquises !

✉ *4 Sv Busjbusj*
☏ *77 0938*

À deux pas de la grand-place de Bardjov, vous trouverez le **Vjed Jbec**, un bistrot pratiquant des tarifs étonnamment abordables. La carte propose un choix immense. Impossible de se tromper ; sauf à vouloir avaler quelque chose. Certains plats paraîtront un peu lourds à digérer, mais rassurez-vous, ils ne vous resteront pas longtemps dans l'estomac.

✉ *21 Sv Busjbusj*
☏ *78 5246*

Âmes sensibles s'abstenir !

On ne séjourne pas à Bardjov sans se voir à un moment proposer un morceau de muczel, fromage traditionnel de berger à base de lait de chèvre. Outre un arôme âcre et une saveur abjecte, toute la subtilité de ce produit réside dans les asticots vivants qui y grouillent. Repoussant de prime abord, voire franchement répugnant, ce laitage vous séduira au bout de quelques semaines. Avertissement : fromage déconseillé aux diabétiques et aux cardiaques. Le déclenchement des premières contractions a également été constaté, y compris chez les femmes qui ne sont pas enceintes.

À VOIR, À FAIRE

Une fois à Bardjov, pourquoi ne pas tenter une promenade en *zwak* (gondole molvanienne) sur le **Kanal Styzmer**, le plus grand égout de toute l'Europe de l'Est ? Du centre-ville au bassin de retenue, compter trois heures, selon le débit de la station d'épuration.

Le **musée de Bardjov** est un imposant bâtiment à proximité du centre-ville, disposant d'une intéressante collection de trésors et reliques de Molvanie. On y passerait facilement la journée, entre l'heure consacrée aux œuvres et le reste du temps à faire la queue pour accéder à l'unique WC.

Le spectacle va commencer !

Le **Cirque royal de Molvanie** rassemble jongleurs, trapézistes, dompteurs de chèvres, rats savants et strip-teaseuses (uniquement en soirée) ainsi que les formidables cavaliers nu-pieds de Lublova. À quoi il faut ajouter les pitreries avinées de Molestov-le-clown. Une expérience sous chapiteau inoubliable.

Bien qu'un peu excentrée, la **Crkja St Rzorci** (église St Rzorci) est incontournable. Le bâtiment, un mélange intéressant de styles gothique, baroque et fibrociment, abrite un certain nombre d'œuvres remarquables. La voûte en berceau est ornée de panneaux décrivant des scènes bibliques. Pour des raisons financières, le projet n'a pu être mené à son terme. Les visiteurs pourront néanmoins admirer *Les Deux Rois mages* et *Le Christ en prière avec ses neuf apôtres.*

C'est la fête ! Un Bardjovien célèbre la journée nationale de la Fécondité, en souvenir du jour où le trafic du Viagra fut légalisé.

Les portes de la Liberté (*Libertjolkas*) en bronze massif, situées à l'entrée de la grand-place de Bardjov, arborant l'inscription « Paix, Harmonie et Amour », furent offertes à la ville en 1942 par les forces nazies d'occupation.

Étoiles filées !
À quelques kilomètres au nord de la ville, l'**observatoire de Bardjov** (*Observaltrisko*) est doté d'un radio-télescope de 140 m capable de détecter les signaux les plus ténus en provenance de l'espace. Jusqu'en 1980, l'observatoire fit partie du programme SETI de la NASA. À ce jour, en raison de réduction des budgets, il sert essentiellement à capter et retransmettre dans l'est de la Molvanie la chaîne câblée EuroPorn.

Le **Vieux Palais**, au nord du **Kanal Styzmer**, mérite absolument une visite. Construit en 1431, le palais fut constamment agrandi pendant les quatre siècles suivants. Gravement endommagé par un incendie en 1864, il fut reconstruit, mais un tir d'artillerie allemand le redétruisit pendant la deuxième guerre. Heureusement, les sculptures, chandeliers et autres objets d'art avaient été préalablement mis à l'abri. Malheureusement, ils ont été envoyés en **Russie** et on ne les a plus revus depuis.

Le nec plus ultra automobile
À Bardjov, il faut impérativement visiter l'impressionnante usine automobile où est fabriquée la Skumpta nationale. Ce véhicule très fonctionnel paraîtra peu orthodoxe à des yeux occidentaux, avec son phare avant unique, ses trois cylindres et son intérieur éclairé à la bougie. Mais c'est à l'usage qu'il faut juger. Or la Skumpta s'est révélée particulièrement résistante à l'usure du temps. D'ailleurs, la loi contraint les propriétaires à installer des compteurs kilométriques capables d'aller jusqu'à 10 000 000 km. La Skumpta a enregistré de bons résultats lors de tests de chocs frontaux contre un mur, à 60 km/h, mettant en situation des voitures européennes des plus grandes marques. Les autres véhicules ont tous été lourdement endommagés, contrairement à la Skumpta, systématiquement tombée en panne avant d'atteindre le mur.

La légende du survivant...
Pour beaucoup, Bardjov sera à jamais associée à l'histoire remarquable du lieutenant Vladko, ce soldat molvanien retrouvé en forêt par des soldats russes en 1945. Croyant que la guerre continuait, il se rendit à ceux qui l'avaient capturé. La guerre *continuait* effectivement, et il fut fusillé pour collaboration avec l'ennemi.

LUBLOVA

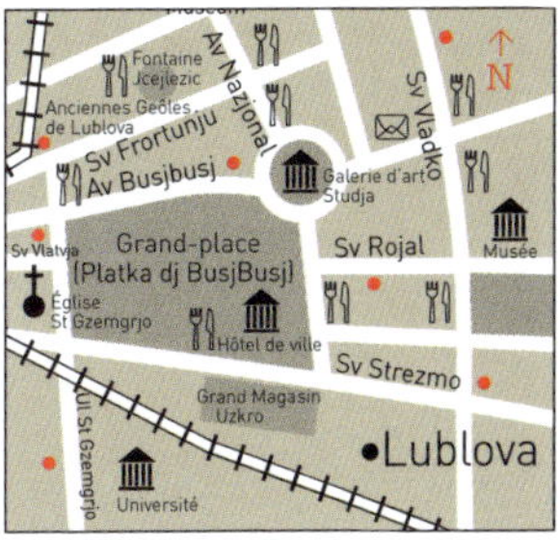

Si Lublova ne possède pas le charme des villages de l'Ouest, la ville regorge cependant de trésors. On ne regrettera pas le voyage difficile à travers un plateau désolé qui mène à cette fascinante **ville frontière**. Lublova, c'est le retour au **Moyen Âge**, en tout cas pour les transports et l'hébergement, dans un cadre délicieusement suranné. Certains quartiers sont certes peu attirants, avec leurs entrelacs d'usines et leurs tours d'habitation, mais c'est au moment où vous commencez à désespérer que surgit, à un coin de rue, une superbe église ou la charmante grand-place. Et puisqu'on parle de pollution, on appréciera les progrès de la municipalité en matière de lutte pour une meilleure **qualité de l'air**. Ainsi, les générateurs diesel et autres fours à charbon ne peuvent fonctionner qu'entre 6 heures du matin et minuit. En dépit de ces mesures drastiques, la Vieille Ville est irrémédiablement défigurée par les émissions des aciéries de la lointaine banlieue de Drabb.

Aujourd'hui Lublova est avant tout célèbre pour être le siège de **la plus grande université de Molvanie** (*Unjverstad Nazjonal*). Étudiants et chercheurs affluent de toute l'Europe vers la prestigieuse **école de médecine**, dont la réputation d'excellence n'a d'égale que sa tolérance en matière de recherche sur les cellules souches de l'embryon.

L'école de médecine de Lublova offre aux chercheurs des infrastructures parmi les plus performantes d'Europe de l'Est.

Bon élève !

L'enfant le plus célèbre de l'université de Lublova, Antonin Vlatvja, y a étudié de 1491 à 1495. Passionné d'astronomie, il observait le firmament à travers un long appareil tubulaire qu'il baptisa *rulloj de peku*. Vlatvja fut le premier scientifique à émettre l'hypothèse que le Soleil ne tournait pas autour de la Terre, mais que la Terre était en rotation autour de Neptune. Une telle affirmation ne passa pas inaperçue : en 1496, Vlatvja fut convoqué à Rome devant un tribunal d'Inquisition. Les accusations d'hérésie furent abandonnées. Cependant, il fut condamné à mort pour idiotie.

HISTOIRE

Lublova aujourd'hui est le produit de sa longue double histoire de ville frontière et de capitale culturelle de la Molvanie orientale. Peuplée à l'origine d'Illyriens et de tribus celtes, la ville joua bien vite le rôle de centre commercial d'importance, rôle qu'elle occupe encore aujourd'hui en contrôlant plus de 80 % du commerce illégal des armes. En 1396, Lublova fut conquise par le **roi Svardo III** (« Svardo le Nabot ») de Croatie, qui céda par la suite la cité à son fils et à sa belle-fille en cadeau de mariage. Présent que ceux-ci troquèrent contre un **village fortifié** situé plus au nord. C'est ainsi que Lublova resta pendant plusieurs siècles sans véritable chef. Entre 1603 et 1622, en réaction à une menace d'invasion des **Tatares**, la ville fut entièrement ceinte d'un mur de 2,4 km, laissant malheureusement une brèche de 1,8 km, exploitée par l'envahisseur étranger, qui rasa entièrement la cité. Celle-ci fut entièrement reconstruite au XVIIIe siècle.

Avec ses rues chargées d'histoire, ses arcades de la Renaissance et son architecture enchanteresse, Lublova est l'une des rares cités de Molvanie à avoir échappé aux armées d'Hitler. Malheureusement, la ville fut dévastée en 1945 par un incendie tragique, le **jour de l'armistice**, suite à un feu de joie qui échappa à tout contrôle. De nombreux **édifices** furent cependant épargnés. À Lublova, les habitants sont fiers du glorieux passé de leur ville. Le plus beau vestige est sans conteste la *Svev Rojal* ou « Rue Royale », une promenade sublime que descend chaque année le prince de Lublova pour célébrer l'anniversaire de son couronnement. Aujourd'hui, en raison d'une goutte chronique, le prince est contraint de parcourir la distance en **chariot élévateur**, ce qui n'entame en rien l'engouement des Lubloviens pour la pompe et les fastes.

Ce qu'en dit Philippe...

“ En fait, on ne voit rien, de la route. Je suis toujours perplexe lorsque des touristes ont l'impression de découvrir un pays alors qu'ils ne font qu'emprunter une autoroute dans un car de luxe. Une fois, j'ai fait Lublova-Dzrebo en coupant à travers les montagnes de Jikbenmar par un sentier à chèvres abandonné. Un des paysages les plus spectaculaires qu'il m'ait été donné d'admirer. Si le brouillard s'était levé, j'en aurais eu des souvenirs impérissables. ”

P.M.

ACHATS

Doté d'un escalier monumental, de vitraux Art Nouveau et de caisses enregistreuses à la décoration étudiée, Uzkro est le plus vieux grand magasin de Lublova. Malheureusement, hormis chaussettes et bocaux, on n'y trouve quasiment pas de **marchandises**. Uzkro demeure néanmoins un des rares endroits de Molvanie à continuer de vendre les systèmes informatiques **Vzoykcle**, de fabrication locale, conçus et montés précisément à Lublova, pendant le boom informatique des années 1980. Vzoykcle peine à augmenter sa part du marché intérieur, essentiellement en raison d'un **ventilateur excessivement bruyant** (120 décibels) imposant à l'usager le port du casque antibruit. Pour corser le tout, le disque dur est équipé d'un embrayage. Nonobstant, des kits informatiques complets (ordinateur, programmes, casque antibruit) sont encore disponibles à des prix relativement abordables.

Autre bonne affaire possible à Lublova : les travaux dentaires, réalisés à des prix défiant toute concurrence par des étudiants de l'université locale. Prestation fort prisée des touristes roumains qui viennent spécialement dans le cadre d'**excursions « bridges et couronnes »**. Mieux vaut donc réserver à l'avance.

COMMENT S'Y RENDRE

Autocar. De Lutenblag à Lublova, le voyage risque de secouer, en raison non seulement de la **mauvaise qualité des routes**, mais aussi de la fâcheuse tendance des voyagistes à économiser sur la quantité d'air dans les pneus.

Train. Un train « panoramique » relie Bardjov à Lublova en traversant le sublime **parc national de Jzerckev**. Attention, l'essentiel du parcours est souterrain (tunnel).

Avion. Il existe certes un aéroport à Lublova, mais il est classé « catégorie D » par les autorités aériennes civiles (réservé aux atterrissages forcés). Construit sur un terrain d'un hectare, il possède la seule piste au monde avec virages.

COMMENT CIRCULER

Les taxis étaient naguère un véritable calvaire dans les Steppes orientales, mais les choses se sont bien arrangées. À Lublova, les chauffeurs de taxi doivent être en possession d'une licence, et le véhicule doit être nettoyé par fumigation une fois par mois. Les chauffeurs sont tenus de présenter une photo d'identité bien en évidence, avec leur nom, leur licence, et une attestation prouvant qu'ils ont récemment suivi une formation en gestion du stress.

Les *trollejbus* (trolleybus) circulent bien et constituent le moyen de transport le plus sûr. Gare toutefois aux attaques à main armée malheureusement trop fréquentes (penser à toujours avoir avec soi d'importantes sommes d'argent en liquide ou des enfants en bas âge).

OÙ SE LOGER

À Lublova, le choix s'est un peu réduit depuis que le somptueux Tvorz Grand Hotjl a brûlé en 1998, après qu'un fer à repasser eut pris feu. Il subsiste néanmoins des possibilités dans toutes les catégories de prix.

$$$ Hôtels - Catégorie supérieure

À deux pas de la grand-place, au cœur du Vieux Lublova, vous découvrirez l'imposant **Hotlj Fzor Ztelj**, bâtiment grandiose de six étages. Le « Ztelj », comme on le nomme avec affection, possède tout ce que l'on est en droit d'attendre d'un hôtel de luxe – sauf en termes de plomberie et d'ascenseur. La plupart des chambres offrent une vue panoramique sur l'immeuble d'en face.

À noter : On pourra se détendre sur le jardin en terrasse, au sommet de l'immeuble, au milieu d'un généreux échantillon de chardons de Molvanie.

12 Av Busjbusj
62 3524
62 3525
fzor@molnet.co.mv
60
DC, MC, V

L'**Auberjsj Djabgor** se trouve dans les faubourgs nord du Vieux Lublova : ce grand hôtel séduit aussi bien les hommes d'affaires que les routards. Malgré un abord « rustique », le bâtiment n'est pas vieux, et n'a été transformé en hôtel qu'en 1997. Au préalable, il servait de centre de détention pour réfugiés. Il semble d'ailleurs qu'une bonne partie du personnel de jadis soit resté en poste (il n'est pas envisageable de voler un peignoir).

À noter : Dans l'enceinte de l'Auberjsj, le « Bella Vista » est un restaurant italien à la dénomination d'autant plus inattendue qu'il se situe en sous-sol.

104 Sv Vladko
62 5830
62 5830
djabor@moldi.co.mv
48
DC, MC, V

L'**Hotjl Pensjon Echzo** sur Sv Strezmo se veut « hôtel familial », ce qui de prime abord pourrait paraître peu compatible avec la salle de jeu ouverte 24 h/24, le bar topless et l'omniprésence de la fumée de cigarette. Echzo est cependant l'un des rares hôtels de Lublova à proposer un service de babysitting – enfants pris en charge à l'heure, à la journée ou à l'année, selon vos besoins.

132 Sv Strezmo
61 7905
62 5830
echzo@moldi.co.mv
32
DC, MC, V

La petite bête qui monte, qui monte !

En Molvanie orientale, il faudra se méfier de l'araignée à queue fourchue. Cet insecte à huit pattes n'existe nulle part ailleurs. Attirée par le froid et l'humidité, cette créature terriblement venimeuse apprécie en toute logique les chambres d'hôtel de Lublova.

$$ Hôtels - **Catégorie moyenne**

Tout près de la gare centrale de Ludlova, le **Cborej Bcej** est un hôtel modeste. Rien de particulier à signaler concernant cet établissement correct de 80 chambres, hormis le nombre limité de lits (14). Au « centre de conférences », l'homme d'affaires sera dérouté de ne trouver qu'une table sur tréteaux, cinq chaises et un rétroprojecteur cassé.

98 Sv Frortunju
61 1196
61 1197
cborej@moldi.co.mv
80
V

Bien qu'un peu excentré, l'**Hotjl Kjonopist** propose un hébergement correct dans un cadre décontracté. Bonne surprise : le patron connaît quelques mots d'anglais (il a grandi à Glasgow) et les chambres sont assez spacieuses pour y loger un lit, un fauteuil et un bureau (à condition de les empiler les uns sur les autres).

141 Sv Vladko
69 6776
69 6777
kpist@molnet.co.mv
30
DC, MC

$ Hôtels - **Petits budgets**

À moins d'un kilomètre du centre de Lublova, le **Trizcejem Dormitorj** a ouvert ses portes en 1995. L'établissement est géré par une coopérative de paysans. C'est manifestement à l'un d'eux que l'on doit la décoration des chambres. Les tapis et les murs sont marron sombre, les seules taches de couleur étant apportées par les traînées de sang au plafond.

À noter : L'hôtel accueille les invalides. Un client nous rapporte cependant que la rampe d'accès est si raide que les personnes qui s'y engagent, si elles ne sont pas déjà totalement handicapées, ont toutes les chances de le devenir.

87 Ul St Gzemgrjo
67 4038
triz@molnet.co.mv
24
DC, MC, V

La **Pensjon Slobzan** se trouve près du musée, ce qui est bien pratique. Les voyageurs ayant un budget (et des exigences) faible(s) apprécieront. L'ambiance y est familiale : ça se bouscule, c'est bruyant et des disputes éclatent souvent pour savoir qui doit sortir les poubelles. En raison de sa situation centrale, l'établissement est néanmoins toujours complet. Les chambres sont douillettes et propres, équipées d'oreillers et de planchers en bois.

64 Sv Rojal
65 3937
slobz@moldi.co.mv
55
MC, V

Il est possible de louer des **chatas** (chalets) dans l'un des nombreux campings de Lublova. S'assurer au préalable que toutes les pièces ont été abondamment aspergées de produit anti-scorpions.

OÙ SE RESTAURER

Le 1er janvier 2005, le Conseil de Lublova a imposé par arrêté municipal que tous les restaurants de la ville soient non-fumeurs. Arrêté abrogé le lendemain à 19 h 30, suite à une vague de **désobéissance civile**. La décision municipale a été avantageusement remplacée par un ensemble d'us et coutumes autorisant les clients à fumer, dès lors que le cuisinier fume aussi.

$$$ Les **meilleurs** restaurants

Le **Zjez Zjez** est l'un des restaurants les plus anciens et les plus prestigieux de Lublova. Les patrons ne sont pas peu fiers d'annoncer que l'établissement a accueilli le Premier ministre britannique Tony Blair. Si techniquement l'allégation n'est pas totalement erronée, il faut tout de même préciser que cette visite a eu lieu dans le cadre d'une délégation européenne enquêtant en 2001 sur les origines de la fièvre aphteuse.

✉ *42 Av Nazjonal*
☎ *63 6937*
▭ *DC, MC, V*

Le **Bistroj Dezamic** est un bistrot à l'ancienne, situé sur la rue principale. Il fut racheté en 2002 par un restaurateur amateur de bonne chère, dont le premier réflexe fut de fermer l'établissement. Le Dezamic devrait rouvrir dans les 12 mois à venir.

✉ *76 Av Busjbusj*
fermé jusqu'à nouvel ordre

Retour à l'animation de la grand-place avec le **Vadjroza**, un gasthaus qui propose de très bons plats dans une ambiance « où l'on prend son temps » – 3 serveurs seulement pour 100 personnes. Les week-ends, on guinche au Vadjroza. Les clients aiment à se donner en spectacle : c'est un festival de claquements de talons, de sauts athlétiques et de déchirures de ligaments, dans l'étalage frénétique d'un machisme déplacé.

✉ *6 Platka dj Busjbusj*
☎ *69 3757*
▭ *DC, V*

Super tuyau !
À Lublova, tout le monde rêve de dîner au **Restaurant panoramique tournant**. Mais les tarifs sont prohibitifs. Alternative astucieuse, le **Cafe Bgokcez**, dont le vin maison, au bout de quelques verres, vous *donnera l'impression* d'être dans un restaurant tournant.

$$ Se restaurer **à prix abordables**

À deux rues du musée, vous apprécierez **Kaujcec Kjem**, un restaurant servant une cuisine traditionnelle à des prix modérés. Ici, le personnel surexploité et sous-payé ne parle pas anglais. Ce qui est aussi bien – la plupart de leurs jurons gagnant à ne pas être traduits.

✉ *88 Sv Strezmo*
☏ *67 7437*

De l'autre côté de la place, en diagonale par rapport à la poste, c'est le **Kafe Udzrum**. Impossible de ne pas remarquer la décoration des luminaires (rester tête baissée). Les nappes aux couleurs criardes ajoutent une note discordante supplémentaire au méli-mélo des styles. Mais si le décor vous semble outrancier, attendez de voir ce qu'on vous sert. D'énormes portions d'une viande trop salée barbotent dans du gras. Un vrai cauchemar pour le *weight-watcher*. À « l'Udz », c'est du copieux et du lourd. Un des rares endroits d'Europe où l'on peut commander une salade frite à cœur.

✉ *67 Sv Vladko*
☏ *61 9077*

Les amateurs d'une cuisine authentiquement estampillée Lublova tenteront le **Tzabian Jceje**. Dans cet estaminet rustique, des cuisiniers de tout le pays préparent un délicieux assortiment de plats végétariens, puis y ajoutent du porc.

✉ *45 Sv Rojal*
☏ *69 6637*

$ Fast-foods et Snack-bars

Ceux qui désirent boire un verre en vitesse entreront au **Tzabani**, non loin de la porte nord de la Vieille Ville. Ici, vous avez l'assurance de vous faire servir une boisson fraîche, surtout si vous avez commandé un café. Un duo violon-piano assure une ambiance romantique. Maintes ballades pour le plaisir des oreilles. Et mains baladeuses de la part du violoniste, nous signale-t-on.

✉ *55 Sv Vladko*
☏ *66 3237*

Les « clubbeurs » ne résisteront pas à la tentation de se rendre à l'**Ur Verbkriek** (« Le Piège à feu »), l'un des spots branchés de Lublova. Vous y danserez au son des derniers tubes *euro beat* que déverse le magnétocassette 100 watts, en sirotant des bières hors de prix dans une atmosphère sophistiquée et terriblement enfumée.

À noter : Ici, tous les lundis c'est soirée « Plus de 40 ». (Référence non à l'âge des clients, mais au nombre de semaines d'abstinence sexuelle involontaire.)

✉ *56 Av Nazjonal*
☏ *63 5437*

À NE PAS MANQUER

Si les lointains faubourgs ne recèlent rien d'inoubliable, la **Vieille Ville** semble avoir été épargnée par la modernisation. Le secteur est d'ailleurs fermé à la circulation, à l'exception des bus, taxis, motos, autos, vélos et chars de l'armée en manœuvres. La promenade dans les rues pavées vaut le détour.

On partira de la **grand-place** en ruine (à droite) habituellement grouillante de revendeurs fourguant de tout, des lunettes de soleil bon marché jusqu'à de jeunes Ukrainiennes à marier. Une ruelle conduit à la tour romane de 120 m de l'**église Gzemgrjo**, qui serait la plus ancienne structure de Lublova encore debout si la flèche n'avait basculé il y a quelques années, lorsque les autorités eurent la mauvaise idée de vouloir y fixer une **antenne parabolique**. L'église elle-même est souvent fermée, mais on obtient facilement les clés en s'adressant au prêtre de la paroisse, à la Taverna Seinnuj, en face.

Une visite de la région ne sera pas complète sans un saut aux **anciennes geôles de Lublova** (*Torturak*), dans les faubourgs occidentaux de la ville, l'un des établissements pénitentiaires les plus atroces de l'Europe médiévale, avec ses piloris et ses chambres de torture, ses cours d'exécutions et ses cellules. L'ensemble est particulièrement réaliste, certainement du fait que l'établissement est encore aujourd'hui un **pénitencier.** Les visiteurs devront donc s'attendre à une fouille corporelle intégrale à l'entrée.

À l'extérieur de la ville s'élance le **Zjkelcziz**, célèbre pour son promontoire en grès, où fut gravée dans le roc en 1965 une image géante de l'ex-Premier ministre « Bu-Bu ». L'œuvre reste imposante, bien qu'une partie de la moustache se soit détachée en 1974, écrasant le syndicat d'initiative, situé juste à l'aplomb.

La gnôle de Molvanie !

La *jzornflek*, le breuvage local, est une liqueur obtenue à partir de genièvre et de liquide de frein, servie avant les funérailles (généralement deux semaines avant, selon la compétence de l'urgentiste). C'est un honneur de s'en voir proposer. Plutôt que d'offenser votre hôte en refusant, mieux vaut en accepter une petite quantité, que vous ferez semblant de boire. Si une quantité, même infime, est ingurgitée, inutile de se faire vomir. Les vomissements se déclencheront naturellement.

Longtemps, les amoureux se sont rendus à **Aquatz Jcejlzer** [à droite] pour faire un vœu avant d'y jeter une pièce de monnaie. Si la magnifique fontaine, bâtie en 1465, existe encore, la charmante tradition du lancer de pièces a été abandonnée, suite à l'intervention de **bandes organisées** de manouches, équipés de tubas et de masques de plongée, venus piller systématiquement le monument.

Faute de grives...

Les ornithologues affluent du monde entier pour guetter la grive de Molvanie, ce petit oiseau au plumage brun foncé et grisâtre, typique de la région. D'apparence fort banale, cet oiseau est réputé effectuer les migrations les plus courtes. Chaque année, ces étonnants volatiles quittent leur territoire et effectuent un voyage de 2,5 km vers l'est. Étonnamment, ce bref périple leur prend parfois jusqu'à une année complète, et de nombreux volatiles se perdent en vol ou tombent d'épuisement avant d'arriver à bon port.

Face à l'hôtel de ville se trouve une intéressante galerie d'art, la **Studja**, spécialisée à la fois dans les œuvres classiques et modernes. L'expo permanente des toiles du pseudo-réaliste Bvorj Gcecvej est fermée en permanence.

Les chiens ne sont pas des chats !

Lublova ne se contente pas d'être une trépidante métropole moderne. C'est aussi là que naquit le mastiff de Molvanie, lequel, selon le *Guide du chien de race molvanien*, doit répondre aux critères suivants : « des pattes courtaudes (souvent au nombre de trois, parfois quatre), un poil grisâtre rêche, une mâchoire inférieure proéminente. L'animal manque totalement de loyauté, il agresse facilement, sans provocation préalable. Il doit être impérativement muselé en public. La même précaution s'impose pour ses maîtres. Le chien de concours est essorillé ; la plupart des éleveurs sectionnent également la queue, considérée comme un mets goûteux. Le mastiff de Molvanie est le seul représentant de la race canine incapable de lécher son appareil génital ».

Extrait de *Chiens du monde* (Presses Universelles, 1987).

TOUJOURS PLUS LOIN...

La campagne environnante est plate, balayée par les vents, et parsemée de mines de phosphate et de vastes étendues salines. On considère que c'est la région la plus spectaculaire de la Molvanie orientale. Ci-dessous, les sites à ne pas manquer :

Monj Vedjev (le mont Vedjev) est idéal pour une excursion à la journée. La cime (178 m) est synonyme de vue imprenable et d'hypothermie garantie. Pour atteindre le sommet, prendre le bus qui mène aux contreforts, puis le **télésiège**. Des pancartes rappellent à l'excursionniste de s'assurer, avant de prendre le télésiège, qu'il possède un billet de retour valable (attention : ces billets ne sont délivrés qu'au stand situé au sommet). Se munir également de vêtements chauds et de feux d'urgence.

À trente minutes de Lublova s'étend le majestueux **Park Czelm**, oasis luxuriante au cœur d'une plaine désolée. Le plus fameux sculpteur de Molvanie, **Hzmach Mevtrajo**, y possède sa résidence estivale. Ce château splendide, ainsi que les statues de bronze alentour, firent l'objet d'une donation publique en 1985. Le public les lui rétrocéda toutefois dès 1986. Depuis, l'artiste n'est plus sorti d'un silence reclus. Une **vaste galerie** a été aménagée à l'intérieur du château. Entrée libre (en revanche, une maigre contribution est réclamée pour éviter que votre véhicule soit vandalisé).

Un peu plus loin, des **grottes calcaires** seraient le foyer d'un farouche dragon - le terrible *Splidfrik* – qui, selon la légende, apparaît les nuits de pleine lune, se rend en ville et choisit un garçon ou une fille, qu'il ramènera dans sa tanière. L'innocente victime sera brûlée à petit feu. Ce conte est depuis toujours raconté aux enfants, ce qui pourrait expliquer nombre de pipis au lit et de troubles du sommeil.

En Molvanie orientale, on offre aux visiteurs un verre de zeerstum (eau-de-vie d'ail). Il ne faut en boire sous aucun prétexte.

LE LAC SKROTUL

Un brin de bronzette sur les rives du lac Skrotul un après-midi d'été.

Véritable centre balnéaire de la Molvanie orientale, le lac Skrotul attire chaque saison des milliers de vacanciers. Le lac, comme le charme de la région, est artificiel. Il s'est formé en 1953, quand le projet visant à draguer la puissante rivière **Vzormec** a mal tourné, donnant lieu à la création inopinée d'un barrage. Malheureusement, la sécheresse – couplée à l'augmentation des besoins d'irrigation des paysans locaux – a dernièrement fait baisser le niveau d'eau de manière alarmante, à tel point que le « Camping des berges » se trouve désormais à 3 km du rivage. Ce qui n'enlève rien aux multiples attraits de cette destination **semi-aquatique**.

OÙ SE LOGER

Outre le **camping** ci-dessus mentionné, il est possible de louer des péniches aménagées sur le lac. La plupart fonctionnent au diesel. Les autres sont à pédales. Renseignements : Skrotul Ahoyz (☎ 07/521776870)

OÙ SE RESTAURER

Dans cette partie du monde, le poisson frais constitue bien sûr l'alimentation de base. Les nombreux cafés et restaurants qui jalonnent la rive proposent tous leur « poisson du jour ». L'**Hzerjman** (☎ 92 1768) est l'établissement le plus spacieux et le plus connu. On choisit son repas dans le grand aquarium situé près de la porte. Les amateurs de steak resteront sur leur faim.

À NE PAS MANQUER

Les plages autour du lac Skrotul sont impeccables – pas un seul grain de sable. Les amateurs de soleil réservent leur place chaque matin à l'aide d'une serviette ou d'un transat. Les places sont si chères que certaines serviettes, nous dit-on, ont été piégées à l'explosif. Prudence, donc. L'eau du lac est étonnamment chaude, sans doute parce ce qu'elle sert de bassin de refroidissement à la centrale à charbon toute proche. Ceux qui ne veulent pas se mouiller préfèreront une **promenade à dos de vache** au bord du lac. L'itinéraire part de la **foire au bétail** et se termine deux kilomètres plus loin, aux **abattoirs du lac**.

DZREBO

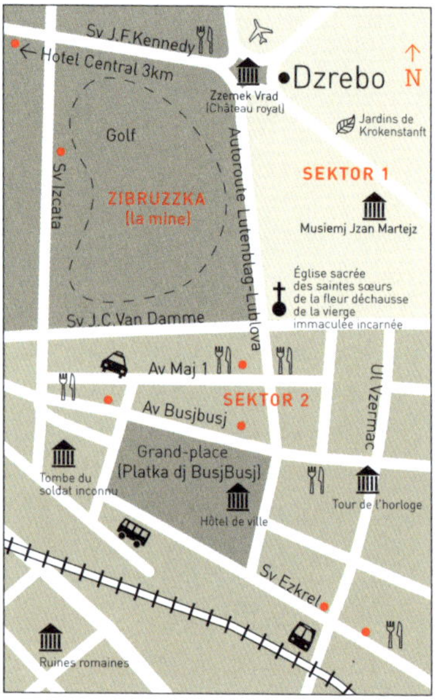

La vieille ville minière de Dzrebo se situe à 70 km à l'est du lac Skrotul. C'est ici, au Moyen Âge, que fut découvert de l'argent. Si les gisements du précieux métal avaient seulement pu tenir quelques décennies de plus, prétendent ses habitants, Dzrebo aurait pu devenir une grande ville d'Europe. Aujourd'hui, idéalement située sur **l'autoroute Lutenblag-Lublova**, Dzrebo s'impose comme un grand rendez-vous des routiers d'Europe.

Historiquement, la ville se compose de trois hameaux : Sektor 1, Sektor 2 et Zibruzzka (« la mine »).

Dzrebo connaît malheureusement un taux de chômage élevé, qui se traduit par une nombreuse population de déclassés et de **mendiants**, ayant tendance à accoster les passants. Ces pauvres hères, exclus de tout, font cependant preuve d'un remarquable sens de l'organisation lorsqu'il s'agit d'encaisser vos dons : nombreux acceptent les **paiements par carte bancaire**.

HISTOIRE

Dzrebo fut découverte en l'an 6 ap. J.-C. par le centurion romain Callus. À la tête d'une expédition, celui-ci s'embourbait dans ces plaines marécageuses et désespérément plates, lorsque, après plusieurs semaines à essayer, en vain, de s'extirper de ce **bourbier** infesté de moustiques et grouillant de sangsues, Callus aurait déclaré : « Ça ferait un endroit parfait pour un village. » Certains historiens émettent l'hypothèse que peut-être ces paroles furent prononcées par sarcasme. Ses commentaires furent pourtant suivis d'effets et un bourg vit le jour. Au Moyen Âge, la découverte d'argent* inaugura une période d'expansion, lors de laquelle furent édifiés les cathédrales et monastères de la ville, faisant de Dzrebo l'un des **grands centres catholiques** d'Orient. Au XVIe siècle, quand les mines d'argent fermèrent, l'essentiel de la ville se tourna vers la **prostitution**, mais cela ne suffit guère à endiguer le déclin économique de la cité. En 1978, Dzrebo fut officiellement consacrée ville la plus plate de Molvanie.

* *Les habitants soutiennent fièrement que les 30 pièces d'argent remises à Judas provenaient de Dzrebo. Cette référence biblique est célébrée chaque année le 25 avril (fête de Saint-Traître).*

ACHATS

Dzrebo est célèbre pour ses produits artisanaux vendus en **bord de route**. Les œuvres les plus appréciées sont les figurines en épis de maïs, les paillasses en laine tissées à la main et les ustensiles conjugaux en bois décoré. Avertissement : tous les produits fabriqués à partir de produits de l'agriculture molvanienne subissent une quarantaine (risques d'infection par la rarissime mite **bvorvil**). En cas de doute, prière de déclarer vos achats aux douanes pour trempage dans un **fongicide**, aspersion insecticide puis destruction par le feu.

COMMENT S'Y RENDRE

Il n'y a ni train ni service de bus régulier pour accéder à cet avant-poste oriental. Une seule solution, donc : la voiture. Il sera cependant délicat de louer une auto, car la plupart des contrats de location excluent cette **zone** ; le principal souci, bien entendu, est le vol. Quelques minutes d'inattention suffisent souvent pour que les voleurs embarquent une partie du moteur, voire le véhicule entier. Les locaux ont coutume d'utiliser des **parkings surveillés**. Lorsque cela n'est pas possible, penser à laisser un nouveau-né sur la banquette arrière, de préférence en pleurs avec une couche souillée. Autre solution efficace, l'utilisation d'une barre antivol de volant, qui pourra avantageusement servir de matraque.

COMMENT CIRCULER

Pour demander au bus de s'arrêter, un simple signe de la main ne suffit pas toujours. Un petit revolver pourra se révéler plus efficace. Le ticket coûte 40 $\mathbb{S}$ et s'achète en boutique ou auprès du chauffeur. Penser à composter un titre de transport à chaque section parcourue, plus un supplémentaire par zone. Tout ticket restant pourra ensuite resservir, à condition de ne pas l'oblitérer dans la machine initialement utilisée.

Dzrebo, mélange savoureux du charme de la Renaissance et de la crasse des Balkans.

OÙ SE LOGER

Dzrebo n'est pas à proprement parler une ville particulièrement ouverte au tourisme, d'où le déficit de structures d'accueil. La palme du meilleur hôtel de la ville décernée par l'Office du tourisme de Molvanie a d'ailleurs été remise au local de l'Armée du Salut. On sera mieux avisé de se loger ailleurs, dans l'un des centres de *turisjm-agkricolj*, par exemple, dans une **authentique ferme** occupée par une famille du cru. Pour une somme modique, les visiteurs seront logés, blanchis ; ils aideront à garder les moutons, à couper le bois, à abattre les porcs et, de manière générale, seront affectés aux basses besognes.

$$$ Hôtels - **Catégorie supérieure**

Le **Jorkjem Papaltz** est un château superbement restauré situé au cœur de la Vieille Ville – le premier hôtel à avoir ouvert à Dzrebo, dit-on. Les chambres n'y sont pas bon marché, mais un copieux « petit déjeuner molvanien » y est servi (céréales, tartines, saucisses, vodka). On y trouvera aussi le plus vieil ascenseur d'Europe encore en fonctionnement.

132 Sv Ezkrel
67 3143
67 3144
jorkjem@molnet.co.mv
50
DC, MC, V

L'**Hotlj Golf** est un peu excentré. Comme son nom l'indique, il propose non seulement l'hébergement mais aussi son propre parcours de 17 trous. Conçu par **Vcez Brailja**, le seul golfeur professionnel de Molvanie, le green est impeccablement entretenu et offre aux joueurs des bunkers dont il est difficile de sortir et de nombreux obstacles bio-aquatiques qui en font un golf de haut niveau. (Les touristes sont priés de noter que les voiturettes carburant au kérosène ont récemment été proscrites, après avoir déclenché plusieurs feux d'herbe.)

45 Sv J.C. Van Damm
67 7262
67 7266
golf@molnet.co.mv
30
DC, MC, V

À noter : L'hôtel lui-même est propre et moderne. Le personnel ne parle pas anglais mais réagit aux jurons et obscénités de base.

Ce qu' en dit Philippe...

“Ces touristes entassés dans des hôtels à l'occidentale, aseptisés et ultra-chers, c'est risible. Pour vraiment vivre l'expérience molvanienne, il faut être SDF. À Dzrebo, j'ai passé deux semaines sur un banc de parc, dans des cartons. Des vacances que je n'oublierai jamais...”

P.M.

$$ Hôtels - **Catégorie moyenne**

Une formule intéressante : le **Sjavtzas**, dans la Ville Nouvelle. Les chambres y sont toutes simples et sans surprise, hormis les grenouilles qu'on trouvera parfois dans le bidet (le patron les prétend comestibles). Derrière, dans l'agréable courette, un fil à linge permet de faire sécher ses affaires, ou de se pendre, selon l'humeur.

48 Av Maj 1
62 0690
sjavtz@molnet.co.mv
19
MC, V

Juste en face de la station de taxis, la **Pensjon Krovoz** offre des prestations correctes à des prix étudiés. Atmosphère décontractée ; on se croirait chez quelqu'un. De fait, on est effectivement chez des gens, et il n'est pas rare qu'un gamin vous réveille la nuit parce qu'il ne retrouve plus ses jouets ou veut aller aux toilettes.

98 Av Busjbusj
61 7465
4
DC, MC

$ Hôtels - **Petits budgets**

Malgré son nom, l'**Hotlj Central** se situe en lointaine banlieue. Compter 45 minutes par les transports en commun. Les chambres du fond sont les plus calmes (car souterraines pour la plupart).

9 Sv Pudjink
66 1212
cent@molnet.co.mv
72 *DC, MC, V*

Face à la gare, le **Gronz Mecj** est un peu minable, mais attire néanmoins hommes d'affaires et voyageurs esseulés. La possibilité de projections individuelles de films pour adultes n'y est sans doute pas pour rien. Les clients recourant à ce service ont la garantie que le titre du film n'apparaîtra pas sur la note d'hôtel.

À noter : Toutefois, une sirène et une lumière clignotante se déclencheront dans le couloir au niveau de leur porte.

163 Ul Vzermac
65 8673
12

Dans les hôtels de Dzrebo, on fait le maximum pour accueillir les enfants.

Toutes nos excuses !
Dans notre dernière édition, nous indiquions qu'à l'auberge de jeunesse de Dzrebo, une « belle » était mise à disposition dans chaque dortoir. Nos lecteurs auront rectifié d'eux-mêmes, il fallait bien sûr lire une « pelle » (référence aux toilettes extérieures).

OÙ SE RESTAURER

À Dzrebo, il n'est pas rare que des convives ne se connaissant pas s'installent à la même table. Ainsi, un couple romantique dînant paisiblement en tête à tête pourra être rejoint par une bande d'ivrognes vociférants. Ce type d'initiative doit être considérée comme un honneur. S'en plaindre pourrait froisser les locaux, voire vous valoir un **mauvais coup**. Difficile de manger végétarien à Dzrebo ; dans les plats dits « sans viande » la loi autorise jusqu'à 23 % de porc.

$$$ Les **meilleurs** restaurants

Hzorvja, apprécié pour ses spécialités de gibier sauvage, est le restaurant le plus populaire de Dzrebo. Durant la saison de la chasse, tous les plats sont possibles, du sanglier rôti au canard cuit au four.

37 Av Busjbusj
66 1972
DC, MC, V

À noter : Après la fermeture de la chasse, il faudra se rabattre sur les animaux écrasés sur les bord de route.

Les hommes d'affaires et membres du gouvernement se pressent au **Pjokotaz**. Outre de copieux ragoûts, on vous servira des nouilles *tsalusky*, comparables aux *gnocchi* d'Italie ou aux *Spätzle* d'Allemagne – propriétés hallucinogènes en plus.

67 Av Maj 1
63 0170
DC, MC, V

$$ Se restaurer **à prix abordables**

En bordure d'autoroute, le **Vjoy Zjoy** est un bistrot à la mode. Vous dégusterez une cuisine végétarienne légère dans une ambiance détendue, sans fumée de cigarette. Ouvert en juin 2002, il a fermé quelques semaines plus tard, en raison d'une trop faible fréquentation. Aujourd'hui, le Vjoy a rouvert. Large choix de hamburgers.

86 Sv J.F.Kennedy
61 6079

La cuisine chinoise semble avoir pénétré toutes les villes du globe, et Dzrebo ne fait pas exception à la règle. Au **Goldj Dragon**, on goûtera une succulente cuisine qui mélange les traditions molvaniennes et asiatiques. (Combinaison que l'on retrouve à la direction de l'établissement, où coopérèrent triades et mafia). À goûter absolument : la friture de riz au cornichon, le porc au vinaigre et le moineau à la Pékinoise.

102 Sv Ezkrel
67 0898

À noter : Tous les plats sont servis avec du riz et du glutamate de sodium.

$ Fast-foods et Snack-bars

Pour un repas copieux à petit prix, il suffit de réserver au **Horgastz Vengelko**, un modeste café, à deux pas de l'animation de la Sv. Izcata. Ici, on ne sait que choisir : rôti d'oie aux griottes, cuissot de sanglier, steak à la molvanienne (carbonisé)... Les végétariens et amateurs de plats kasher commanderont le *vecbek*, une crêpe au porc où les morceaux de viande sont astucieusement dissimulés dans une épaisse sauce au fromage.

65 Av Maj 1
63 4209

Un paysan de Dzrebo prépare ses châtaignes pour le marché. Une fois grillées, elles seront vendues aux restaurants du coin. Le paysan, lui, sera admis d'urgence à l'hôpital pour une hernie.

Le petit oiseau va sortir (les crocs) !
Après une journée de visite, il est bon de se détendre devant un café et une tranche de fromage *muczecl*, à l'une des nombreuses terrasses bordant la grand-place. Attention, à Dzrebo, les pigeons ne sont pas seulement voraces, ils appartiennent à l'une des rares variétés dentées (en dépit des caries, la morsure peut être désagréable). Ne pas hésiter à faire fuir les volatiles à l'aide d'une carte de menu roulée. Une approche identique est préconisée pour les musiciens ambulants et les gitans qui mendient.

Toutes nos excuses ! *Toutes nos excuses au patron du* ***Zzardmac Bistroj****, face à l'hôtel de ville. Nous avions écrit : « Café pour toute la famille ; au poil. » Il fallait lire en fait : « Café où toute la famille est à poil. » Nous regrettons le manque à gagner certainement occasionné par ces fautes de frappe impardonnables. Que M. et Mme Zzardmac et leurs sept filles acceptent ici nos plus humbles excuses.*

À VOIR, À FAIRE

Le **Kastl Rojal** (Château Royal), édifié au XIIe siècle, fut la résidence estivale de Sigmisoid VI (« le prince à la goutte »). Des visites de cette imposante construction sont organisées tous les jours (le mercredi uniquement), à commencer par le **Trésor public**, au rez-de-chaussée. Le clou du spectacle, ce sont, bien sûr, les **joyaux de la couronne de Molvanie**, et malgré les vols répétés de l'envahisseur turc, des troupes nazies et des gens de service, il reste encore quelques pièces à admirer. L'une des plus remarquables étant le *zmittenblag*, redoutable épée émoussée, utilisée depuis le début du XIVe siècle pour la circoncision et la taille des haies.

Le plus grand et plus beau **parc** de Dzrebo (le *Villj Krokenstanf*) s'étend sur plus de 10 hectares à l'est de la ville. Un agréable sentier serpente des surfaces herbeuses aux passerelles. De nombreux panneaux rappellent que le chemin est interdit aux chiens, aux vélos, et autres rollers, joggers et landaus. En revanche, à l'exception du Vendredi saint, la loi autorise l'usage des **armes à feu**.

Les mordus de cinéma tâcheront d'être à Dzrebo en septembre, au moment du célèbre **Festival international du film**. De prestigieux réalisateurs du monde entier sont invités à y montrer leurs œuvres. L'année dernière, deux artistes seulement ont répondu à l'appel. Tous deux ont décroché la cinquième place, ex-æquo.

Kaca Jzan Martejz est la demeure où le peintre du XIXe Jzan Martejz naquit et mourut, d'où, peut-être, l'odeur ambiante. Elle sert désormais de musée à son œuvre.

Eurêka !

Willjm Krejkzbec (1891 – 1943) faillit remporter le prix Nobel. Il est sans aucun doute l'un des hommes illustres de Molvanie. Né à Dzrebo, ce physicien causa un certain émoi lorsqu'en 1908 il réussit à faire passer un courant électrique à travers une assiette en cuivre en suspension dans de l'acide chlorique. Malheureusement, cette découverte décisive ne connut aucune application pratique, ce qui valut néanmoins au scientifique une nomination au prix Nobel. Aujourd'hui, Krejkzbec doit surtout sa renommée à l'intérêt qu'il porta au sado-masochisme (voir section « musées » page 106).

L'église sacrée des saintes sœurs de la fleur déchaussée de la Vierge immaculée incarnée est une chapelle assez baroque, pas évidente à trouver. En effet, les panneaux indiquant sa situation ont depuis belle lurette croulé sous le poids des lettres qui les composent. Dans une dépendance gothique, à l'arrière de l'édifice, une fresque figure des pécheurs mi-nus se trémoussant dans les flammes. Les historiens d'art crurent tout d'abord qu'il s'agissait d'un Caravage. Après vérification, c'était en fait une réclame pour une discothèque des environs.

Odeur de sainteté !
Difficile de résister à la tentation de visiter l'immense **usine de cosmétiques** de Vcekjben-Dyir, au sud-est de la ville. « V-D » produit toute une gamme de parfums, déodorants et crèmes dépilatoires surpuissantes vendues dans toute la Molvanie. Ce géant pharmaceutique clame haut et fort qu'aucun de ses produits n'a été testé sur des animaux. Le service « recherche et développement » est actuellement accusé d'avoir mis à contribution des ouvriers tsiganes.

La ville de Dzrebo est aussi fameuse pour son **horloge mécanique** (à droite) construite en 1746. Toutes les 60 minutes, on peut admirer la figurine qui apparaît et « danse » pour indiquer l'heure. Ce spectacle populaire a cessé en 1993, quand la faux du Père du **Temps** s'est coincée dans le corsage de la Mère **Nature** : le court-circuit électrique qui s'ensuivit a figé les deux personnages dans une position peu avouable.

En dépit des uniformes streetjwearsk imposés par des réductions budgétaires, la relève de la garde demeure un spectacle émouvant.

Aucune visite à Dzrebo ne peut se clore sans une visite à la **tombe du soldat pas rasé**. Bâti après la Première Guerre mondiale, ce monument abrite un soldat molvanien exécuté alors qu'il désertait le front. Tous les dimanches midi, on peut assister à la traditionnelle relève de la garde, durant laquelle les soldats de faction s'éloignent au pas de l'oie. Après s'être changés et rasés, ils regagnent leur poste. Au-dessus de la tombe, flanquée des drapeaux de Molvanie, brûle la flamme éternelle (du mardi au samedi).

Lac Vjaza
Chaîne des Czarbuncle
PLATEAU
OCCIDENTAL
Uze
Sasava
Sjerezo

LE PLATEAU OCCIDENTAL

[Vesternplat]

LA RÉGION

Les touristes ont tendance à se méfier de cette partie de la Molvanie, n'y voyant qu'un croissant de villes industrielles polluées, saturées de **tours d'habitation**, avec un taux de criminalité plus vertigineux encore. Certes, ce n'est pas faux. Mais cette contrée est paradoxale : défigurée après guerre par **40 ans d'industrialisation**, elle recèle des secteurs d'une grande **beauté naturelle** qui n'ont été saccagés que tout récemment. Bien sûr la zone est morne, désolée, isolée, glaciale, dénuée du moindre charme. En contrepartie, l'aspect positif est que le tourisme ne s'y est guère implanté.

Le Plateau occidental peut se targuer de couvrir l'un des terrains marécageux les plus vastes au monde (plus de 2 000 km^2). Plus de 300 espèces d'oiseaux migrateurs y évoluent, ainsi que 800 plantes et le Mouvement des scouts de Molvanie, qui vient régulièrement y faire patauger ses recrues. La période idéale pour découvrir la région est la fin mai, juste après les traitements aériens anti-moustiques, et juste avant que les sangsues ne deviennent vraiment virulentes.

Impossible de faire l'impasse sur la capitale occidentale. **Sasava** a souvent été comparée à Paris, moins pour sa culture et son architecture qu'en raison des embouteillages et des crottes de chien.

Plus au sud, **Sjerezo** fêtera en 2007 son 700e anniversaire en clamant haut et fort son slogan commémoratif : « Sjerezo, on reprend tout à zéro. » Beau programme en perspective, avec concerts en plein air, feux d'artifice et éradication de la variole.

Au nord des marais, au cœur de l'imposante plaine volcanique, clapotent les eaux cristallines du **lac Vjaza**. Tôt le matin, on ira sur les quais, dans l'animation du marché aux poissons ; tous les lundis, les marins du lac y apportent le fruit de leur pêche. Mais pourquoi les étals n'ouvrent-ils pas avant le jeudi ? C'est un casse-tête administratif inextricable. Heureusement, grâce aux **systèmes modernes** de réfrigération, une bonne partie de la pêche en vente est encore mangeable.

Sur le Plateau Occidental, la campagne a beaucoup à offrir au voyageur prêt à « sortir des sentiers battus ». C'est ici, dans les petites communes, que se perpétue la tradition, entre les danses folkloriques, les **poteries colorées** et l'impitoyable et noble chasse aux rats.

Un voyageur averti en vaut deux

Dans l'ouest du pays, lorsqu'on rend visite à quelqu'un, la formule de politesse traditionnelle est : ***Drubzko vlob attrizzo****. En revanche, lorsqu'on rencontre quelqu'un sur son lieu de travail, la formule correcte est plutôt :* ***Klawzitz vlob attrizzo****. Les deux expressions signifient « Ne tirez pas. »*

SASAVA

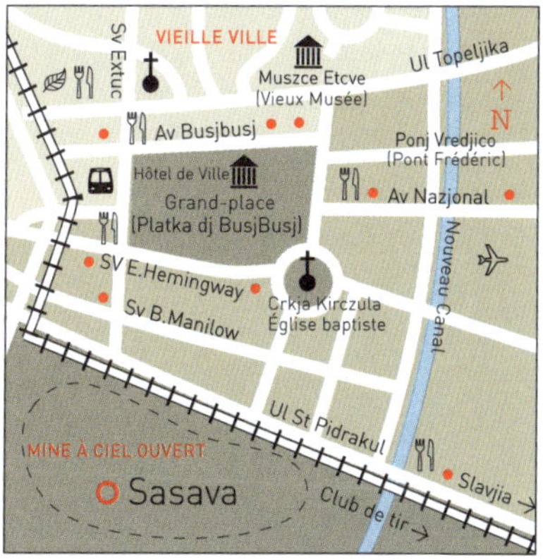

Jadis village agricole assoupi, la tumultueuse cité de Sasava ne conserve aujourd'hui guère de traces de son passé rural, hormis un centre d'équarrissage pour animaux et une **usine de suif** encore opérationnelle dans sa banlieue nord. Aujourd'hui, Sasava est un important centre industriel produisant 30 % de l'équipement automobile du pays et 73 % des émissions de gaz à effet de serre. Autres exportations remarquables : **produits artisanaux** et organes humains.

La ville se décompose grosso modo en trois parties, chacune pouvant aisément être parcourue à pied, sauf la troisième (**mine à ciel ouvert**). La Vieille Ville est incontestablement le quartier le plus pittoresque, avec ses **rues pavées** sinueuses, ses villas en ruine remontant aux années 1980. Ce quartier est interdit aux autos, ce qui n'empêche pas les bus, camions et autres tracteurs d'y circuler constamment à touche-touche.

Merveille de l'architecture moderne, la Tour penchée de Sasava, fut construite sans fondations. Des scientifiques ont estimé qu'elle penche d'un centimètre supplémentaire à chaque fois qu'on claque la porte du hall.

Les habitants de Sasava ont le cœur sur la main. Ils aiment parler aux étrangers – mais leur **dialecte** est problématique, y compris pour ceux qui parlent couramment le molvanien. Cette langue extrêmement gutturale possède un des « h » les plus aspirés de l'histoire des langues, sans parler des improbables fluctuations syntaxiques. Ainsi, des expressions simples, telles que en *vzec e drivc* (« bonne chance ») se disent en savasan *vcerc ze ir czejew* (« que tes enfants soient gras jusqu'à leur mort »). Cependant, il est tout à fait possible de se faire comprendre à l'aide d'un signe, d'un sourire, ou d'une poignée de stroubles.

HISTOIRE

Sasava a subi de nombreux ravages au cours de sa longue histoire. Totalement détruite par les Mongols en 1241, elle fut de nouveau presque rasée par les fans de foot slovaques en 1995 lors de la **Kupp Euro-Balk**. Elle doit l'essentiel de sa prospérité aux mines d'or. Des traces de cet héritage sont encore présentes dans l'architecture très travaillée et les intérieurs dorés des bouches de la plupart de ses habitants. Quelques mines fonctionnent encore, dont la gigantesque **Tzdorvel,** dans les faubourgs sud de la ville, qui a défrayé la chronique il y a quelques années, lorsqu'un groupe de mineurs fut coincé sous terre avec plusieurs centaines de kilos d'or. Le gouvernement molvanien déclencha une enquête immédiate dont la conclusion fut qu'il eût mieux valu envoyer de l'aide sur-le-champ. Des secours furent finalement organisés (ce qui fit ultérieurement l'objet d'une mini-série télé), et l'or put être remonté à la surface. Les mineurs, malheureusement, périrent.

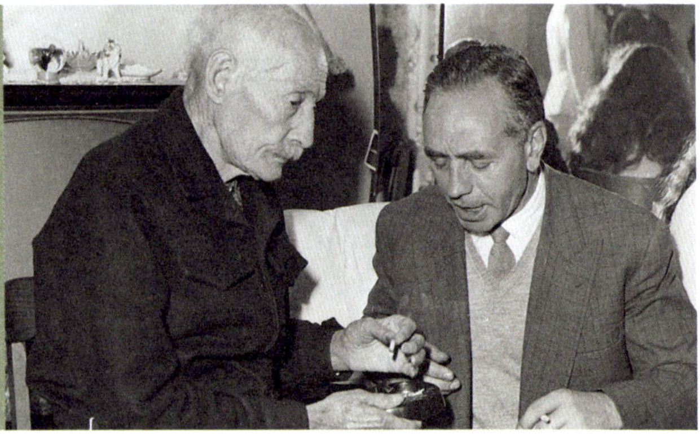

En 1947, B.V. Gyzcezcbi, l'un des plus illustres innovateurs de Sasava fait la démonstration de sa dernière innovation, le cendrier.

Bu-Bu et la capitale décapitée !
Comme les habitants de Sasava vous le rappelleront promptement, la ville a connu son heure de gloire dans la vie politique molvanienne. Nous sommes en 1931 lorsque le premier ministre Busjbusj décide que la capitale ne sera plus Lutenblag mais Sasava. Il atteint ainsi un double objectif : il intensifie sa mainmise sur les provinces, et se rapproche de sa mère.

Sterna Busjbusj, mère de Bu-Bu.

COMMENT S'Y RENDRE

La plupart des gens arrivent à Sasava par le train ou par accident. Une **compagnie d'autocars privée** assure une jonction Lutenblag-Sasava bihebdomadaire. (De nombreux arrêts non prévus, nous dit-on, dans des boutiques et cafés tenus par la famille du chauffeur.) Les amateurs d'émotions aériennes choisiront l'avion. L'aéroport régional de Sasava est ouvert aux vols charters (rappel aux pilotes : pas d'atterrissage entre midi et 14 heures ; **tour de contrôle** fermée à l'heure du déjeuner).

À la gare centrale de Sasava, l'absence volontaire de quais permet d'admirer les robes des voyageuses.

COMMENT CIRCULER

En dépit des nombreux transports en commun, Sasava n'est pas une ville où l'on circule aisément. Le fait est que crapules et voyous ont fait fuir les usagers des trains et des *trollejbus*, tendance seulement partiellement inversée par les nouvelles directives transmises aux services de sécurité dans les transports, invitant les policiers à **tirer pour tuer**. À ce jour, mieux vaut éviter les transports en commun et circuler en taxi blindé.

Téléphonie et dératisation...

En juin 1987, Sasava fut la première ville de Molvanie à enterrer ses fils électriques jusqu'alors suspendus. Outre sa dimension esthétique, cette initiative municipale a permis de décimer la grouillante population des lapins et des taupes.

À Sasava, l'héritage aurifère est présent dans les cœurs et dans les bouches.

OÙ SE LOGER

Il existe à Sasava des hôtels généralement propres et astucieusement meublés pour toutes les bourses. Bien sûr, les établissements de luxe offrant climatisation et détecteurs de fumée sont plus onéreux, mais on pourra souvent profiter de tarifs hors saison. Des réductions sont aussi proposées aux seniors (sans pièce d'identité, il vous faudra néanmoins subir un examen médical étonnamment approfondi).

$$$ Hôtels - **Catégorie supérieure**

Quand le **Sucjevita**, imposant château de six étages, ouvrit ses portes en 1996, il n'y avait alors pas un seul hôtel de luxe. À ce jour, la situation n'a pas changé.

76 Av Busjbusj
86 3658
60 *DC, MC*

L'agréable **Cernzy Mejed** n'est pas dur à trouver. Sur la grand-place, chercher l'imposante bâtisse en briques rouges et son jardin luxuriant. Le « Mejed » est l'immeuble en béton situé juste derrière. Les chambres y sont sans fioriture mais propres et le personnel parle anglais (mais bizarrement semble ne pas le comprendre).

11 Sv B.Manilow
85 3658
85 3655
mejed@moldi.co.mv
50
DC, MC, V

Si vous cherchez le grand luxe, réservez une chambre au **Sasava Palatz Hotlj**. Superbement rénové, l'établissement est sis en plein cœur de la ville. Les suites sont royales et tout ici est d'époque, du mobilier aux gravures en passant par le chocolat laissé en cadeau par la maison sur votre oreiller.

43 Av Busjbusj
86 2384
86 2385
saspal@moldi.co.mv
45
DC, MC

$$ Hôtels - **Catégorie moyenne**

Malgré sa situation géographique (4 km du centre) le **Slavjia** vaut le détour, car cet inconvénient est largement compensé par la proximité du Club de tir sasavais. L'établissement propose une salle de jeu ainsi que le seul club de remise en forme incluant des pâtisseries à son « forfait muscu ».

À noter : Enfants bienvenus (mais doivent être impérativement maintenus sous calmants).

243 Ul St Pidrakul
82 6947
slavjia@molnet.co.mv
70
MC, V

Le **Zcejet Kcev** est un chalet style Tudor vieux de plus d'un siècle. L'impression de courant d'air perpétuel est sans doute due à la toiture, en partie manquante. Des rénovations ont été entreprises en 2000, mais semblent loin d'être achevées. Le service peut parfois laisser à désirer. À la réception, on nous signale une pancarte portant la mention "de retour dans 5 jours".

✉ *67 Av Nazjonal*
☎ *85 3739*
℻ *85 3733*
@ *zcejet@moldi.co.mv*
16
V

Toutes nos excuses !
*Dans notre dernière édition, nous avions annoncé que le personnel de l'**Holidaj Injn** était « en livrée du matin au soir ». Vous avez été nombreux à réagir. Il fallait lire bien sûr « enivré du matin au soir ».*

$ Hôtels - **Petits budgets**

Ernest Hemingway aurait séjourné dans cette *pensione* – les historiens ne sont cependant pas unanimes sur cette question. La construction de la **Nyagz Vatj** date en effet de 1973. Cette pension de famille propose en tout cas des chambres correctes à des prix raisonnables et l'établissement possède sa propre piscine. Il est même question qu'elle soit remplie à court terme.

45 SV E.Hemingway
89 4664
ernest@mol.co.mv
21
V

L'**Hotjl Zipdroff** se trouve au premier étage d'un immeuble résidentiel, à deux pas de la gare ferroviaire. Excellente option pour les voyageurs peu fortunés pressés de se reposer. À la réception, les clients recevront une clé permettant d'ouvrir une armoire en fer. C'est là qu'on dort.

À noter : Ici, pas de douches. Mais, moyennant un supplément modique, vous pourrez obtenir un paquet de lingettes humides.

✉ *125 Av Busjbusj*
☎ *83 3569*
@ *zip@moldi.co.mv*
78
DC, MC, V

Peu onéreux, le **Tjecv Dvor**, très Art Nouveau, se situe dans les faubourgs de Sasava. Pas de surprise concernant les chambres. Mieux vaut néanmoins savoir que les suites avec « vue sur la montagne » sont dépourvues de fenêtres. En revanche, des photos jaunies des Alpes suisses sont épinglées au mur.

✉ *Ul St Pidrakul*
☎ *87 5735*
℻ *87 5734*
@ *dvor@molnet.co.mv*
30
V

OÙ SE RESTAURER

La cuisine locale s'ingénie à accommoder astucieusement les ingrédients du cru. Ce qui explique que tous les plats baignent dans la **saumure**. Les produits frais sont également très appréciés – la Méditerranée n'est en effet qu'à deux jours de voiture – vous dégusterez donc maints fruits de mer surgelés. Le fameux vin de Sasava, connu des œnologues pour sa « volatilité » – les chimistes parlent de « **combustibilité** » – accompagnera vos repas. On trouve à Sasava d'appétissants *pzotjicas* (salons de thé), où l'on se régale d'un café et d'une part de *gbebzeci*, gâteau fourré à base de fromage blanc, noix, crème fraîche, chocolat, **beurre, œufs et graines de pavot. Les voyageurs soucieux de leur ligne réclameront la version « régime »** du gâteau : sans fromage blanc.

La petite goutte qui fait déborder la vase...

Personne ne séjourne longtemps à Sasava sans se voir offrir un verre de *biljgum*, l'eau-de-vie de fabrication locale. Cette liqueur aux relents de vase possède un arôme particulièrement puissant. Vous n'aurez assurément jamais rien goûté de tel – sauf à avoir par erreur avalé du liquide assouplissant. Offert traditionnellement en fin de repas, ce breuvage indique aux convives qu'il est grand temps de prendre congé.

$$$ Les **meilleurs** restaurants

C'est au **Tukzcovo** que vous mangerez ce que la cuisine de Sasava a de meilleur à offrir. Dans cette *tavernja* typique vous savourerez le *kvzerice* (boudin noir) au *pvorka* (porc) ainsi que le *bzejewc* – spécialité maison, un ragoût poivré à base de viande de cheval. Certains pourront être déroutés, voire dégoûtés, par un tel mets. Cependant, il faut garder à l'esprit que pour un cheval de Molvanie, être abattu, puis haché menu, constitue une avancée sociale significative.

✉ *12 Av Nazjonal*
☎ *84 4765*
▤ *DC, MC, V*

À 93 m d'altitude, au sommet de la tour télévisée de Sasava, le **Rjidak Kova** est un classique. Assez onéreux, certes, mais la nourriture et le service sont irréprochables.

À noter : Les personnes sujettes au vertige doivent savoir que le « Rji » a tendance à tanguer par jours de grand vent ou lorsqu'on tire la chasse d'eau.

✉ *84 Av Nazjonal*
☎ *86 6265*
▤ *MC, V*

$$ Se restaurer **à prix abordables**

Autre institution culinaire incontournable, le **Tzoyczec**, restaurant spacieux, ambiance décontractée, en face de la gare. L'été, on peut commander en terrasse un cochon de lait rôti ou un agneau. Bien sûr, il est peu probable qu'on vous l'apporte, vu que l'établissement ne sert que des petits pains beurrés. Il peut y avoir du monde les week-ends, mais les prix sont corrects et les assiettes, comme les serveuses, sont bien rondes.

✉ *54 Sv Extuc*
☎ *84 4265*

En sortant un peu de la ville, vous trouverez le **Zivjukrek**, succulent bistrot moderne qui accueille volontiers les touristes. L'endroit ne manque pas de style et le pianiste est discret ; le violoniste, en revanche, ne perdrait rien à s'accorder, et le service laisse parfois à désirer. La terrasse est une invitation à dîner en plein air ; mais son emplacement (sous un pont d'autoroute) rend la conversation souvent difficile.

✉ *141 Ul St Pidrakul*
☎ *89 0606*

Le **Svateho** s'adresse aux clients « café-cigarettes » venus grignoter léger. Le menu propose un assortiment de pâtisseries fumées, de sandwichs fumés et de saumon fumé fumé, ainsi que des spécialités telles que le *hvarus mecac* (scrotum de mouton au riz).

À noter : Le meilleur jour, au « Svat », est le premier mardi de chaque mois, jour de réapprovisionnement en salades fraîches.

✉ *35 Av Busjbusj*
☎ *80 4475*

$ Fast-foods et Snack-bars

Avec toutes les *tavernjas* de Sasava, les couche-tard trouveront leur bonheur. La **Fzovrezec Steak Grottj** n'est pas vraiment une grotte ; le froid et l'humidité y règnent néanmoins, la pénombre aussi. Pour un repas léger et un verre, on se contentera de s'installer debout au bar, même si, dès 21 h, peu de clients sont capables d'un tel exploit. En fin de semaine, on appréciera les concerts de *zamfir*, à mi-chemin entre le violon tsigane et la porte rouillée qui grince.

✉ *6 Sv B.Manilow*
☎ *82 0024*

Toutes nos excuses !
Contrairement à ce que nous annoncions dans l'édition précédente, roter bruyamment et lâcher un vent odorant à la fin du repas est impoli en Molvanie occidentale. Le fautif responsable de ce conseil erroné a été renvoyé.

EN VILLE – À NE PAS MANQUER

Le Vieux Sasava n'est pas très étendu. En se levant de bon matin, il est donc possible de visiter dans la journée les principaux lieux à voir, et avoir encore du temps pour les repas et les agressions que vous ne manquerez pas de subir.

Les mendiants sont un problème majeur à Sasava ; règle d'or : tenter de les éviter ; leurs **maladies de peau** sont souvent exagérées pour profiter des touristes crédules. Leur donner de l'argent ne fait que les encourager à perdre d'autres membres.

Du centre, compter dix minutes jusqu'au **Muszm Antjkq** (« Vieux Musée »). Descendre la Sv. Etxuc, passer devant les jardins, prendre à gauche à la **cathédrale**. À l'intérieur du musée, vous trouverez un grand nombre d'expositions, dont une installation montrant les avancées techniques en matière d'**abattage du bétail**. Entrée libre, taxe minime à la sortie.

La **Badjazcev** est une imposante villa, initialement construite pour être la résidence d'été de la famille **Czroyjes**, qui avait fait fortune dans l'or. Après avoir récemment investi dans l'Internet, les Czroyjes se sont retrouvés sur la paille. La façade décrépie et le toit fissuré témoignent assurément d'un glorieux passé aujourd'hui révolu. En 2001, suite à un taux d'humidité et d'amiante devenu insupportable, les propriétaires de la Badjazcev ont dû quitter les lieux. La résidence est désormais un foyer pour le troisième âge.

La **Crkja Kirczula** est une chapelle baptiste superbement conservée, tout à fait remarquable au plan architectural. Des fonts baptismaux cruciformes se trouvent au centre, ornés d'une représentation en bronze de **saint Jean-Baptiste** – seule œuvre répertoriée le représentant en train de se tailler la barbe.

Un bâtiment typique de Sasava ; façade toute de briques brunes, criblée d'impacts de balles.

Le pittoresque ponj Vredjico.

Le **ponj Vredjico** (pont Frédéric) enjambe un vieux canal de Sasava. Conçu en 1895 par **Grior Bzeulka**, brillant architecte tchèque qui retint l'attention de la municipalité en inaugurant un style novateur – et surtout peu onéreux – qui rompait avec la tradition du pilier massif au profit d'une **délicate structure à claire-voie**. Après avoir obtenu les statistiques officielles de fréquentation du pont, il calcula le poids maximal cumulé des véhicules, piétons et bétail, puis mit au point un édifice utilisant moitié moins de matériaux qu'un pont traditionnel. Malheureusement, son estimation du poids moyen de la Molvanienne était erronée. Le pont s'écroula peu après son inauguration, au passage de deux laitières. Récemment reconstruit, le ponj Vredjico est désormais interdit à tout véhicule et aux piétons de plus de douze ans.

Face à la chapelle se trouve une splendide villa **baroque** entourée d'un monumental mur de pierre du XIIIe siècle. Il s'agit en fait d'un couvent tenu par les **Petites Sœurs des pauvres** de Molvanie, comme l'indique le panneau placé à l'entrée, sur lequel on peut lire *Zzermcej Ur Barjez* (« Tout mendiant sera poursuivi »).

Petit, petit ours brun...

Il n'y a plus guère que dans les bois des alentours de Sasava que l'on peut espérer apercevoir le dernier ours brun de Molvanie, l'un des animaux les plus pacifiques qui soient, avidement traqué par les chasseurs, et aujourd'hui en voie d'extinction. Le gouvernement a récemment décidé la fermeture de la chasse (le dimanche), ce qui n'a cependant pas suffi à résoudre le problème. Les espoirs se cristallisent plutôt sur le programme d'élevage développé au zoo de Sasava, qui a permis la naissance en captivité de plusieurs ours. Ces merveilleuses créatures vivront-elles assez longtemps pour être relâchées dans la nature et se faire tirer par les futures générations de chasseurs ?

LES ENVIRONS – À NE PAS MANQUER

Les environs de Sasava offrent l'occasion de découvrir une nature éblouissante. Se munir d'une bonne paire de chaussures de marche et prendre garde aux tiques, particulièrement virulentes. En cas de morsure, on risque fièvres, maux de tête, fatigue extrême et raideur dans la nuque ; autant de symptômes qui, étonnamment, ne sont pas sans rappeler ceux qui frappent le mélomane venu écouter l'**orchestre symphonique de Sasava**.

À 30 km au sud de Sasava, dans la forêt Cherzjov, le superbe **pavillon de chasse** du XVIIe siècle accueillait jadis les membres de la famille royale. On y trouve une belle collection d'animaux empaillés – vestiges un tantinet macabres de l'obsession de la chasse qui habitait l'**archiduc de Molvanie**. Désormais ouvert au public, le pavillon offre la possibilité, pour une somme modique, de mitrailler des animaux élevés pour cet usage.

Aux abords de Sasava, on admirera les innombrables vignes de cette région hautement vinicole. Le raisin le plus fréquent est le *plavec*, ce petit fruit foncé aux **énormes pépins**. Le vin obtenu est souvent utilisé pour la messe et comme matière première dans l'alimentation des volailles. Pour goûter un verre ou deux, s'adresser directement aux vignerons. **Tleojczeks**, par exemple, est une affaire de famille : en fin de semaine, des dizaines de visiteurs s'installent au bar et goûtent le vin qu'ils régurgitent ensuite dans un **immense crachoir** situé au milieu de la pièce. Pour un **prix légèrement inférieur**, il est possible d'attendre dehors et de savourer le contenu du crachoir. On peut également emporter des bouteilles. Attention, toutefois, le *plavec* est un vin au taux d'alcool légèrement supérieur à la moyenne (47 %). Mieux vaut laisser le vin respirer après débouchage (environ six mois).

Les collines de la forêt de Cherzov constituent un site idéal pour pique-niquer. On n'est dérangé ni par les gens ni par les arbres.

SJEREZO

Considérée jadis comme la capitale du « Far West » de la Molvanie, Sjerezo a depuis longtemps perdu sa réputation de ville industrielle et violente. L'instauration de la loi martiale en 1998 a sans aucun doute contribué à accélérer le processus. Aujourd'hui, les visiteurs qui feront l'effort de traverser la toundra austère pour découvrir cette ville frontière ne le regretteront pas.

Le parc d'attraction Euro-Disney Est a rouvert ses portes et demeure un véritable pôle d'attraction, malgré la publicité négative consécutive au déraillement des **montagnes russes** et au brasier qui s'est ensuivi.

Sjerezo est célèbre aussi pour le concours de Miss Molvanie organisé chaque année. Des **jeunes femmes** défilent devant le jury (sur une scène spécialement renforcée) dans différentes tenues : robe du soir, maillot de bain, costume paysan et – innovation récente – uniforme d'infirmière.

Euro-Disney Est continue d'attirer les visiteurs : manèges ultra-modernes, atmosphère cosmopolite.

Embrassant la modernité, Sjerezo ne tourne pas pour autant le dos à son riche passé. L'histoire n'est nulle part mieux fêtée qu'au célèbre **Musée ethnographique en plein air** où la Société historique de reconstitution met en scène les grandes batailles avec un souci du détail rendu possible seulement par l'authenticité des uniformes et les tirs à balles réelles.

Sur plus de 240 hectares, le **Vieux Sjerezo** est l'un des plus vastes centres-ville d'Europe. À ne pas manquer : les plus vieux **WC publics** de Molvanie encore en fonctionnement. Construction en pierre datant de 1329 ; n'ont plus jamais été nettoyés depuis.

HISTOIRE

Le village de Sjerezo vit le jour au IXe siècle quand Karz Wenlecze, **l'évêque de Lutenblag**, tombé en disgrâce après avoir été surpris en compromettante posture avec la mule d'un paroissien, fut envoyé à titre punitif aux confins occidentaux du territoire, pour y finir sa vie contre nature. Immédiatement le pieux personnage entreprit d'unifier et de protéger la cité. Craignant un assaut de l'ennemi turc, il demanda à ses meilleurs artisans de bâtir autour de la cité une **muraille** haute de 25 m, épaisse de 2 mètres. La mission fut accomplie, mais les bâtisseurs oublièrent **la porte** ; les habitants de Sjerezo furent donc coupés du reste de la Molvanie pendant presque un an, avant qu'une minuscule issue (baptisée la *schjatierj*) soit enfin percée.

À la mode de chez nous !

Haut Ketur Sr. (1911-1967), père de la haute couture en Molvanie, fut sans aucun doute le créateur de mode le plus distingué de son pays. On doit à cet homme obnubilé par les cols montants, les solides ceintures et les étoffes lourdes, l'invention de la camisole de force.

Au cours du XIVe siècle, Sjerezo se tailla une réputation de ville d'eaux. Des milliers de curistes venaient s'y refaire une santé. Aujourd'hui, la ville se targue de posséder pas moins de 140 **sources minérales**. On y soigne les maladies des reins et de l'appareil respiratoire. Une enquête scientifique est néanmoins en cours, une des sources étant en effet censée accroître la taille des **organes génitaux** masculins (plus de réservation possible avant l'hiver 2012).

Le XXe siècle fut une période turbulente pour Sjerezo. Au sortir de la Seconde Guerre mondiale, le gouvernement dut faire face à un chômage massif, à l'hyper-inflation et à des files d'attente de plus en plus longues devant les boulangeries. En 1982, **Claujz Vernkiz** (à droite) du PPD (le Parti Démocratique du Peuple), à peine élu nouveau gouverneur, annula toute élection à venir et s'autoproclama , poste qu'il occupe depuis lors avec détermination.

Le gouverneur Claujz Vernkiz *(photo avec l'aimable autorisation de la CIA).*

L'observatoire des Eaux

Suite à plusieurs années de sécheresse, la ville de Sjerezo connaît des restrictions draconiennes en matière d'eau. Entre 9 h et 17 h, il est interdit aux citoyens d'arroser les jardins, de laver les voitures et de noyer les animaux domestiques. Même la police doit renoncer aux canons à eau, leur préférant le gaz lacrymogène et les balles en caoutchouc.

ACHATS

Sjerezo est célèbre pour son industrie de la mode. Dans la Vieille Ville vous pourrez visiter des ateliers sombres et exigus où de talentueux **tailleurs locaux** exercent leur art. Certes, on pourra s'offusquer de voir tant de si jeunes enfants au travail, mais il faut savoir apprécier les différences culturelles : l'âge adulte n'est pas partout identique. En Molvanie, passé neuf ans, l'être humain cesse d'être considéré par ses parents comme un enfant et devient officiellement un capital.

COMMENT S'Y RENDRE

Compte tenu des grandes distances à parcourir et du piètre état des routes, il est déconseillé de se rendre en voiture à Sjerezo, sauf à avoir une solide expérience de la conduite tout-terrain et un GPS en état de marche. Nombreux sont ceux qui choisissent l'avion. L'**aéroport Anton Jchuvski** doit son nom au pilote (1897-1922) de la Première Guerre mondiale, bardé de médailles, qui descendit à lui seul 18 appareils, dont 6 ennemis. Attention : les avions en provenance de Molvanie atterrissent Terminal B, les Terminaux C ou E étant réservés aux vols internationaux. Les passagers en transit prennent la navette du Terminal A ou D, selon la ville de départ. Le Terminal B est réservé aux passagers accompagnés de **bétail**.

COMMENT CIRCULER

Sjerezo possède un système de transports en commun fort développé, comprenant tramways, *trollejbus*, trains et métro aérien. Cependant, suite à un manque de concertation des différents services administratifs, ces divers moyens de locomotion couvrent tous le même court tronçon routier. Les autres parties de la ville ne sont quasi pas desservies.

Les trams constituent sans doute le moyen de locomotion le plus sûr. Les **tickets** s'achètent auprès du *konduktor*, qui par ailleurs est **officiellement habilité** à célébrer les mariages. Le meilleur moyen de découvrir la Vieille Ville, c'est à pied, même si un circuit à dos de mendiant est proposé au départ de la gare. Charmante tradition s'il en est. La vigueur de ces va-nu-pieds malingres est vraiment étonnante.

Un cycliste se promène par une douce après-midi, le long de la zone démilitarisée de Sjerezo.

OÙ SE LOGER

Sjerezo a beau ne pas être excessivement touristique, la ville n'en offre pas moins de nombreuses possibilités d'hébergement. Au cœur de la **Vieille Ville**, vous trouverez des établissements luxueux, délicieusement désuets, témoins des siècles passés. C'est dans les faubourgs, en revanche, qu'on dénichera des hôtels bon marché, propres et confortables (à condition de ne pas chercher ces trois qualités réunies en un même endroit). En outre, en secteur rural, il est possible de passer la nuit dans des pavillons rustiques façon ferme, qui font complètement mentir leur origine de **goulags soviétiques désaffectés**. Il est bon de savoir que la place de **la poste** est un repaire de dealers, prostituées et transsexuels. À éviter, donc... ou pas, selon l'envie du moment.

$$$ Hôtels - **Catégorie supérieure**

Le **Vjakm Palatz** est le plus ancien et le plus luxueux hôtel de Sjerezo. Les chambres y sont spacieuses, la vue unique et le confort irréprochable. Plusieurs suites sont équipées de cheminées. L'installation de conduits est prévue d'ici peu.

54 Av Molvanja
36 5747
36 5748
vjakm@moldi.co.mv
70 *DC, V*

Ancien bâtiment historique, le **Kostol Vjardi** est désormais un hôtel aux chambres spacieuses, hautes de plafond. Une partie du personnel est sympathique, l'autre parle anglais, il faut choisir. Un service de baby-sitting est proposé (seulement 70 $ l'heure).

À noter : Les nounous sont toutes titulaires du diplôme de secouriste et possèdent un bon niveau en close-combat.

36 Av Busjbusj
34 8484
34 8485
kostol@moldi.co.mv
70
DC, MC, V

L'**Hotjl Lunatik** est une vénérable institution – au sens propre, d'ailleurs, puisque c'était auparavant un hôpital psychiatrique. Situé en centre-ville, il a été entièrement rénové dans les années 1980. Durant certains hivers particulièrement humides, le parking souterrain fait également office de piscine couverte.

À noter : La corbeille de fruits est purement décorative. Sous aucun prétexte on ne s'avisera d'y goûter.

12 Av Molvanja
32 3976
32 3976
jkez@molnet.co.mv
70
DC, MC, V

$$ Hôtels - **Catégorie moyenne**

Le **Pejzuca** est un hôtel confortable, clair, situé non loin du centre. Les chambres sont propres, quoiqu'un peu spartiates. Un petit déjeuner complet est inclus dans le prix de la chambre. Servi entre 5 h 30 et 6 h du matin.

87 Sv Napoleon III
37 0870
37 0871
pejzuca@molnet.cv
30 · MC, V

L'**Hotjl Brovcjic Dreb** se présente sous la forme d'un terne bâtiment en béton situé à 15 km du centre, mais près de l'aéroport. En novembre 2001, les clients ont tout particulièrement pu apprécier la situation géographique du « Dreb », quand un avion cargo ukrainien, en approche finale, en a emporté la suite du dernier étage.

20 Ul Pokzi
36 4395
36 4396
dreb@moldi.co.mv
23 · DC, MC

Toutes nos excuses ! *Dans une précédente édition, nous parlions à propos de l'Hotlj Jakvekz de « petit déjeuner varié ». Nos lecteurs auront rectifié d'eux-mêmes. Il fallait bien sûr lire « petit déjeuner avarié ».*

$ Hôtels - **Petits budgets**

L'**Hotlj Vcejlav** – bâtiment ayant accueilli antérieurement la Bourse, et plus antérieurement encore une porcherie – est une petite auberge de famille. Les chambres, de taille modeste, sont équipées de téléviseurs. Le seul en état de marche se trouve cependant à la réception. Réglé à un volume toujours trop fort, il ne diffuse que des jeux télévisés agressifs.

34 Sv Elzerezka
35 5747
vcejlav@mol.co.mv
12

Un court trajet en bus, et vous voilà à la **Pensjon Prazakuv**. Vu de l'extérieur, cet hôtel sans prétention semble minable, vieillot et insalubre. C'est le cas.

142 Sv Unjverstad
30 3974
praza@molnet.co.mv

Entre les descentes des **services de l'Hygiène** et les incendies en série, le nombre des auberges de jeunesse a fortement décru à Sjerezo. L'une des plus anciennes se trouve à quelques km à l'ouest de la ville. La **Pensjon Punezj** est réputée parmi les routards et les étudiants pour son dortoir spacieux à demi ventilé, ainsi que pour sa salle de bains et ses seringues partagées.

97 Sv Nikitchka
31 9023
31 9024
bugg@molnet.co.mv
90
DC, MC

OÙ SE RESTAURER

Au cours de la décennie passée, les restaurants de Sjerezo se sont taillé une réputation de pièges à touristes, imposant aux clients peu méfiants toutes sortes de **surtaxes injustifiées**. Heureusement, les restaurateurs les moins scrupuleux ont dû quitter le métier et accepter un poste dans l'actuel gouvernement local. Aujourd'hui, il importe de vérifier la note avant de régler. Gare, par exemple, aux 15 % d'*elejtrij taxj* (« surtaxe éclairage »).

$$$ Les **meilleurs** restaurants

Avec ses serviettes épaisses et ses toilettes à l'intérieur, l'élégant **Fakjrezic** est l'une des meilleures maisons de Sjerezo. Diplomates et politiciens locaux s'y pressent, attirés par la discrétion ambiante et par les serveuses en tenue légère.

✉ *34 Av Molvanja*
☎ *39 4023*
▤ *DC, MC, V*

Juché au sommet de la colline de Sjerezo, le **Magzicj** accueille les dignitaires de passage et les personnalités de la mafia russe (à Sjerezo, ce sont souvent les mêmes). Vue imprenable sur la **Vieille Ville**, pour les chanceux installés près d'une fenêtre et s'étant préalablement munis de **jumelles**. Le service est correct et les menus traditionnels (double friture) et modernes (friture à l'huile). Bel assortiment de desserts, à base de riches gâteaux crémeux servis avec fruits de saison (revenus à la poêle).

✉ *64 Sv Napoleon III*
☎ *33 3856*
▤ *DC, MC, V*

Sis dans une charmante bâtisse du XIXe, le **Vorgzjen Marj** a son rez-de-chaussée rempli d'un assortiment de chaises, bancs et autres sièges. D'élégants canapés se trouvent à l'étage, bref, c'est l'endroit idéal pour déguster un festin. Ce qui ne risque pas d'arriver, vu que le « Marj » est un magasin de meubles. Mais le restaurant de soupes, la porte à côté, prépare d'excellents bouillons.

✉ *12 Av Molvanja*
☎ *39 4557*

$$ Se restaurer **à prix abordables**

Le meilleur moyen de découvrir la cuisine authentique de Sjerezo est de visiter une *tavernja* telle que la très animée **Mdejazcic**, à deux pas de la grand-place. Vous vous régalerez de spécialités locales, la *jgormzca*, par exemple (viande cuite au lard) ou le *nzemji* (viande frite au molard). Un groupe de gitans joue chaque soir, jusqu'à ce que les autorités locales arrivent à les faire circuler.

✉ *6 Av Molvanja*
☎ *39 2334*

Les amateurs de calme tenteront plutôt l'**U Zlaje Vokjum**, bistrot décontracté, face à l'hôtel de ville. Beau choix de viandes et pâtes. Un lecteur nous annonce cependant que le « Filet du Pêcheur », qui a un fort goût de pâte à frire, est exclusivement composé de pâte à frire en forme de crustacés et poissons.

56 Av Warsaw
34 5768

À noter : Il paraît que le filet lui-même est plus comestible.

Le **Varji** est une pizzeria extra, lumineuse, proposant d'intéressantes garnitures: le « suprême d'anchois à la figue », par exemple, à manger ou vomir à la maison. Livraison gratuite dans un rayon de 100 mètres.

62 Sv Rocky II
39 4808

$ Fast-foods et Snack-bars

Bistrot décontracté et sympathique, le **Tbzut** fut le QG de l'écrivain Gyorj Vlerbek. Ce bon vivant y mangea régulièrement jusqu'en 1996, date de sa mort par empoisonnement à la salmonelle. Repas de qualité, spécialités de pain croquant et de viandes séchées.

35 Av Molvanja
34 4808

À noter : L'été, une terrasse permet de dîner en plein air. (Charme supplémentaire : elle se situe à la cave.)

Juste à l'ouest de la grand-place on traverse le pont majestueux qui enjambe le ruisseau Vorja pour arriver au **Erdjesz**, aussi populaire auprès des habitants qu'auprès des gens de passage. Cuisine typiquement molvanienne : lourde, copieuse, avec plein de morceaux marron non identifiables.

32 Sv Jchuvski
30 9705

Le **Vorbcek Vorbcek** (littéralement « Bio, bio ») est un estaminet sans prétention, parfait pour ceux qui surveillent leur ligne. L'énergie nécessaire à mâcher y est ici en effet supérieure à l'apport calorique des aliments.

65 Av Molvanja
34 8808

Cul sec !
À Sjerezo, on sert généralement du vin rouge à tous les repas (hormis au « *breakjfasjt* », généralement arrosé de vodka). Le cépage local, dit *jzankova*, est un petit rouge capiteux et fruité, un brin acide en bouche, qui tend à ronger l'inox des timbales.

À VOIR, À FAIRE

Comme dans nombre de villes molvaniennes, le gros de l'activité gravite autour de la grand-place. Le centre historique de Sjerezo fut bâti au XVIe siècle. Jusqu'à récemment, c'était le site de prédilection des **défilés** et des **manœuvres militaires**. Cependant, à cause des pavés, le nombre de foulures de chevilles et de déchirures des ligaments croisés a toujours été très important – selon les historiens, entre 1914 et 1945, les troupes de Molvanie ont enregistré plus de blessés ici que sur n'importe quel **champ de bataille**. Aujourd'hui, c'est un lieu paisible où il fait bon se détendre **en terrasse** devant un café froid ou une bière tiède. Le week-end, un marché populaire propose son traditionnel assortiment de DVD pirates.

Les défilés militaires n'ont plus lieu sur la grand-place, qui continue pourtant à attirer les illuminés.

À deux pas de la grand-place, dans la charmante **église Saint-Vardjo**, on pourra admirer des œuvres gothiques, dont de remarquables **panneaux de bronze** figurant d'importants événements religieux : l'Annonciation, la trahison du Christ au jardin de Gethsémani et la presque victoire de la Molvanie aux qualifications de la Coupe du monde de 1994. De somptueuses pièces sont aussi entreposées dans la **sacristie** attenante, laquelle est toujours fermée. Un conseil : essayer de glisser un billet de 50 Ꞩ au gardien en poste devant l'église. Il ne vous conduira nulle part, mais les photos de sa femme en tenue d'Ève ne sont pas mal.

On a pu dire de la garde du palais de Sjerezo qu'elle était la préférée du roi Svardo III. Son nom officiel était « Travestis royaux de Molvanie ».

Une employée de la centrale nucléaire de Sjerezo, protégée par son châle à doublure plombée, explique fièrement le fonctionnement du cœur du réacteur central.

La Vieille Ville est ceinte d'imposants **remparts** que fit construire le duc de Sjerezo Ijiodzor, dit Le Sage, au XIVe siècle, pour la protection de la cité. La **muraille**, qui atteint jusqu'à 6 mètres d'épaisseur, serait impénétrable si elle n'était de papier mâché. Seuls quelques pans subsistent aujourd'hui.

Fait rare, la **cathédrale Saint-Pierre** de Sjerezo fut bâtie non par des étrangers mais par la population chrétienne locale. Des archives incomplètes laissent penser que la construction débuta en 1209. En 1314, pour diverses raisons, dont une grève perlée qui dura des décennies, une moitié seulement des fondations avait vu le jour. Les autorités se séparèrent alors des travailleurs locaux fortement syndiqués au profit de l'architecte vénitien **Giovanni Berninici.** Il fallut attendre encore 30 ans avant que le projet soit achevé, et c'est en 1344 que fut inaugurée l'une des plus admirables cathédrales à trois murs d'Europe centrale.

Une chance au grattage !

De nombreux visiteurs ont déjà entendu parler de la galerie d'art Gyrorik. L'institution a fait les gros titres il y a quelques années, lorsque son conservateur, **Vbrec Mzecjenj**, soupçonna qu'un paysage de Rembrandt, appartenant à la galerie, recouvrait en fait un autoportrait du maître batave d'une valeur bien plus élevée. La couche supérieure fut donc minutieusement grattée. Ce travail de restauration dura 16 mois et révéla qu'il n'y avait rien dessous. Ne resta donc plus du chef-d'œuvre original que le cadre, au milieu duquel est exposée aujourd'hui la lettre de démission de M. Mzecjenj.

Le **Novzy Kastl** (Castel Neuf) fut édifié entre 1564 et 1571. Haut de six étages, il servit au départ de tour de guet puis devint l'horloge de la ville, les demi-heures étant annoncées par un trompettiste. Cette tradition s'est perpétuée jusqu'aux années 1950, période à laquelle le dernier **gardien officiel du temps** fut congédié pour être arrivé en retard au travail. Il est parfois possible d'accéder au donjon. De là-haut, la vue est magnifique, pour les photographes comme pour les snipers.

Restons en altitude avec l'**ancienne place forte** (*platzjfortdtj*), perchée sur un impressionnant promontoire, avec vue plongeante sur Sjerezo. Vous ne regretterez pas les trois heures de marche à pied. Sinon, des **ânes** sont disponibles en bas. L'aller-retour coûte 55 $, payables directement au propriétaire de l'âne avant le départ. Attention : certains visiteurs auraient été mordus et piétinés par cet animal à l'humeur changeante. Les ânes, en revanche, nous dit-on, sont quant à eux tout à fait placides.

Vicktor Chezpak

Impossible de visiter Sjerezo sans se recueillir sur la **tombe** du compositeur local **Vicktor Chezpak** (à gauche). À 10 ans, cet enfant prodige jouait du piano, du violon, de la flûte et du violoncelle. Son talent l'abandonna ensuite mystérieusement, et à 14 ans, il ne jouait plus que quelques ritournelles – de façon approximative – à l'harmonica. Ce qui ne l'empêcha pas de continuer à donner des concerts et à composer des morceaux, dont le fameux *Yoj Molva !*, **hymne** initiatique souvent entonné lors de rassemblements nationaux. L'imposant **mausolée** de marbre se situe au bout d'une avenue bordée de bouleaux argentés. Édifice surprenant à l'architecture très élaborée, d'autant plus surprenant que Chezpak n'est pas encore mort. À en croire la plaque commémorative, le **cénotaphe** fut simplement financé et construit par des mélomanes locaux impatients que se produise l'événement attendu de longue date.

Lorsqu'on arrive à Sjerezo en voiture par le sud, on remarque un grand pont métallique enjambant la **Gjorzecer**. Une plaque assez sobre rappelle que ce fut le théâtre de l'une des pires catastrophes ferroviaires de Molvanie. En 1978, par une nuit brumeuse, l'express rempli de passagers en provenance de Lutenblag percuta un convoi de marchandises chargé de minerai de fer. Les deux trains basculèrent dans le vide et s'écrasèrent sur un bateau de plaisance bondé. L'enquête gouvernementale qui s'ensuivit innocenta les deux conducteurs, mais exigea l'arrêt immédiat du tournage de la « caméra cachée » molvanienne.

LE LAC VJAZA

La Molvanie a beau être un pays continental, ses habitants adorent passer du temps au bord de l'eau. Le lac Vjaza s'est formé dans les années 1950, après qu'un essai nucléaire soviétique eut inopinément creusé un **puits artésien**. Il s'étend aujourd'hui sur 26 km². Au début, ce point d'eau eut la réputation d'être pollué, après que des milliers d'oiseaux et de poissons morts se furent échoués sur ses berges. Mais grâce à un **programme intensif de repeuplement de ses eaux**, le bassin grouille désormais de poissons mutants.

Chaque été, des milliers de personnes viennent y passer des vacances exotiques, profitant des nombreuses activités balnéaires : canotage, ski nautique, planche à voile, pêche à la traîne. Des promenades sont organisées à bord de *pletzna* (embarcation de bois similaires aux gondoles vénitiennes, mais équipées d'un moteur Diesel) colorées. Moyennant un pourboire modique, le commandant entonnera pour vous une **chanson folklorique traditionnelle**. Moyennant un pourboire plus conséquent, il acceptera de se taire.

Sur tout le pourtour du lac, les **plages de sable** sont idéales pour la baignade – du moment qu'on évite l'eau. Toute la région attire **nudistes** et naturistes de tous poils. Des jumelles sont à louer dans la plupart des magasins alentour.

COMMENT S'Y RENDRE

Le lac Vjaza étant situé à la pointe nord du plateau, il n'est pas d'un accès facile.

La route coupant à travers une vaste étendue plane comprend un nombre étonnant de tournants serrés et de virages en épingle à cheveux – sans doute parce qu'elle fut dessinée par des étudiants en première année de l'**université de Sasava.** Ceux qui ne sont pas motorisés seront ravis d'apprendre que des autocars au départ de Lutenblag desservent le lac Vjaza deux fois par semaine et sont remorqués à la fin du mois jusqu'à la capitale.

OÙ SE LOGER

Le **Klub Zzebo** s'adresse plutôt à une clientèle jeune ; c'est assurément le spot le plus vaste et le plus apprécié des environs. Il se situe sur les rives relativement protégées de la baie méridionale, laquelle reste tout de même très ventée. Le site pourra sembler un brin déplacé au cœur de l'Europe Centrale, pourtant ce village de vacances à thématique polynésienne attire un large public de jeunes venus apprécier le soleil, le sable et la vodka servie dans des noix de coco. Construit dans les années 1980, le « Zzeb » a fait l'objet de constantes rénovations et est aujourd'hui équipé de toilettes. Tout l'été, il est pris d'assaut par les touristes. Les **activités** gratuites sont nombreuses : planche à voile, surf, vol à voile, ou farniente derrière les **panneaux anti-vent**. On peut aussi assister à des conférences gratuites sur les maladies sexuellement transmissibles.

Ce qu'en dit Philippe...

“Vous avez vu ? Des milliers de touristes qui dépensent des fortunes pour se retrouver dans un vulgaire village de vacances ? Alors qu'à quelques centaines de mètres, j'ai trouvé une bergerie du XVIIe siècle. Allongé sur ma couche à 50 $ la nuit, j'ai prêté l'oreille aux jeunes routards qui, toute la nuit, ont dansé, bu, se sont drogués et ont copulé. Il faut choisir ! ”

P.M.

OÙ MANGER

Lipza Daz est l'un des nombreux restaurants de poisson avec vue sur les eaux magnifiques du lac Vjaza. Ici, on choisit son plat au gré des bêtes échouées sur la berge.

Les routards apprécient également le **Bistroj Vjaza**, non loin de l'embarcadère principal. L'endroit est décontracté, intime et, depuis 2005, officiellement désamianté.e.

Au lac Vjaza, les danseuses traditionnelles ne se contentent pas de vous éblouir de leur grâce. Moyennant un infime pourboire, elles vous épouillent.

À VOIR, À FAIRE

Grâce aux récents programmes de repeuplement du lac en poissons, de nouvelles espèces y ont été introduites avec succès. Conséquence logique, l'activité halieutique a repris. La plupart des méthodes y sont autorisées, y compris la pêche au filet. Certaines restrictions limitent toutefois l'usage de harpons et d'**explosifs sous-marins**.

À quelques kilomètres seulement de la plage principale, vous trouverez le **Grandj Vjaza Kasino**. De construction récente, c'est l'une des maisons de jeu les plus spacieuses et les moins bien éclairées d'Europe centrale. Les points communs avec Las Vegas sont incontestables : présence du désert, éclairage au néon. Outre les classiques – blackjack, roulette, poker – vous pourrez tenter votre chance à des jeux plus locaux, le *cvardo*, par exemple, consistant à choisir une balle numérotée entre 1 et 12 pour la fourrer dans le corsage de la stripteaseuse ayant le numéro correspondant. Entrée : 80 $\mathbb{S}$, gratuit pour les enfants.

En 1978, au cours d'une visite papale du Vesternplat, la Papamobile de Jean-Paul II cassa un essieu au nord du lac Vjaza. Le nid de poule responsable de l'accident est désormais considéré comme un lieu saint.

Le sous-marin de Jjaza

Unique **sous-marin** de la Marine molvanienne, le *Zcjormst* est souvent à quai sur la rive septentrionale du lac Vjaza. En dépit de la faible probabilité d'une attaque, le vaisseau de construction russe patrouille régulièrement les eaux du Vjaza. Le gouvernement refuse de confirmer ou d'infirmer l'éventuelle présence d'armes nucléaires à bord du bâtiment. Toutefois, les uniformes de l'équipage, doublés de plomb, et l'omniprésence de compteurs Geiger laissent supposer l'existence d'une certaine radioactivité. La plupart des week-ends, le *Zcjormst* est ouvert au public, et l'équipage se charge volontiers de faire faire la visite. Certains secteurs sont officiellement interdits d'accès mais, moyennant un petit pourboire, vous irez où bon vous semble.

Chaîne des Czarbuncle
Jzerbo
Uze
Lutenblag
GRANDE VALLÉE CENTRALE
Gyrorik
La Grande Plaine
Fiztula

LA GRANDE VALLÉE CENTRALE

[Grandj Kentral Valljk]

LA RÉGION

Souvent boudée par les touristes, la Molvanie centrale est le véritable écrin où palpite le cœur du pays, où frissonne son âme. C'est ici que naquit la nation, et que l'essentiel de son folklore et de ses **traditions ancestrales** continue de s'épanouir. Dans nombre de bourgs, il n'est pas rare que de vieilles femmes vous attrapent par les oreilles et vous crachent au visage – ce rituel, censé vous défendre contre les mauvais esprits, ne vous protègera en rien contre la **tuberculose.** Aussi faudra-t-il être prudent en matière médicale et sanitaire.

La beauté de cette région tient moins à son architecture qu'à la poésie de ses paysages. En terme d'altitude, les impressionnantes **Czarbuncle** se classent à la huitième place en Europe. En hiver, quand toutes les Alpes grouillent de skieurs, les pentes des Czarbuncle sont généralement vierges. Malheureusement, en raison de la sécheresse des vents, elles sont le plus souvent aussi vierges de neige. Mais les habitants ne sont jamais à court d'idées : un **moteur d'avion à réaction déclassé** et une batterie de machines à fabriquer les crèmes glacées permettent d'obtenir une couche de neige artificielle.

Une pêcheuse locale se prépare à mouiller une ligne.

De nombreuses activités de plein air sont possibles dans la Vallée centrale. Chaque année, des visiteurs téméraires viennent camper, randonner, escalader et faire du bateau à moteur sur les nombreux avens qui parsèment les plaines calcaires. Malheureusement pour le tourisme d'aventure, le **Club de saut à l'élastique de Vzingta** reste fermé pendant l'instruction portant sur la résistance à la traction du vieux caoutchouc. Quoi qu'il en soit, l'amateur de sensations fortes ne sera pas déçu. Bien sûr, il est impensable de visiter la région sans aller au moins une fois agiter sa gaule dans l'espoir d'attraper un *kjark* de concours (voir ci-contre). Il est rappelé à ceux qui ont l'intention de pêcher qu'il faut acheter un **permis de pêche** (valable 1 an) dans n'importe quel bureau de poste. En outre, une autorisation de pêcher est également obligatoire (au jour, à la semaine ou au mois), à se procurer au ministère de l'Agriculture de Jzerbo, laquelle sera agréée par un inspecteur de la Société de pêche, à la fois avant la première pêche et de nouveau à chaque fois qu'un poisson a été attrapé. De lourdes peines sont prévues pour les contrevenants. Les étrangers encourent un retrait de visa.

JZERBO

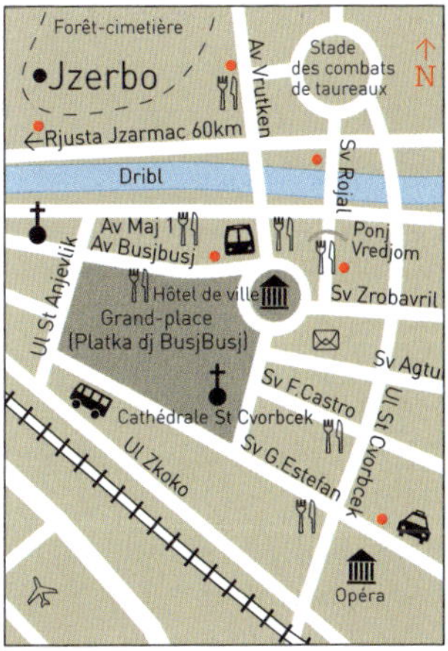

Capitale officieuse de la région, Jzerbo pourra de prime abord paraître ingrate, avec sa jungle d'immeubles tristes à la soviétique et sa forte concentration d'industries lourdes. Mais grâce au brouillard épais et fréquent, cette laideur ambiante est peu visible. Il existe aussi quelques **joyaux historiques**, à commencer par les plus anciens taudis d'Europe. Si bien qu'au bout de quelques jours, on oublie les inconvénients du monde moderne – la pollution, l'insécurité, les antibiotiques – et l'on découvre un authentique village de la Renaissance.

Les mélomanes apprécieront les récitals estivaux de l'**orchestre symphonique de Jzerbo**. En raison de coupes budgétaires, le public doit savoir qu'il arrive que les concerts soient partiellement préenregistrés. Généralement, les cordes, les instruments à vent et les cuivres sont enregistrés, mais les percussions sont presque à coup sûr jouées en direct.

L'excellence culturelle de Jzerbo ne l'empêche pas d'être également le point de ralliement des **chasseurs de renards**. Dans les régions les plus retirées, le cheval participe bien sûr à la chasse, mais pas le chien. Le chasseur molvanien préfère se charger personnellement de pister sa proie, de l'acculer et de lui trancher la gorge. On pourrait se croire à des lieues du militantisme en faveur du **droit des animaux**, et pourtant il est question de retirer graduellement des manuels scolaires toute référence à ce sport.

À la pêche au kjark...

Membre de la famille des anguilles, le *kjark* est reconnaissable à ses écailles visqueuses et à son goût âcre. Certains spécimens ont une bande brune sur les flancs, mais il s'agit souvent d'infections fongiques. Ce poisson rare apprécie la boue et la pollution. Pas étonnant donc qu'il s'épanouisse en Molvanie centrale. L'animal a beau atteindre parfois les 10 kg, il est généralement peu combatif. À peine pris à l'hameçon, il cesse de lutter. Attention : le *kjark* possède des dents acérées comme des poignards (chez les vieux, la plupart sont manquantes). On utilise en général des appâts vivants (grenouille ou chaton), mais un fusil est bien utile dans les hauts fonds. La chair du *kjark* est considérée comme relativement mangeable, comparable à celle du bébé dauphin.

HISTOIRE

Les historiens ne sont pas d'accord entre eux sur la date de création du village de Jzerbo. Des **fouilles archéologiques** de grande ampleur furent commencées en 1974, mais le projet dut être interrompu après que les résidents se plaignirent des dégâts sur les câbles souterrains de leurs télés.

Les archives les plus anciennes remontent au VIIIe siècle, indiquant que Jzerbo participa à nombre de batailles contre les armées de l'envahisseur. Les années de guerre conduisirent les habitants à construire des bâtiments de fortune en bois, faciles à brûler, en guise de **défenses** avancées – pratique qui explique peut-être la grande tradition d'incendies criminels en vogue encore aujourd'hui. À la Renaissance, Jzerbo était une ville en avance sur son temps. En 1681 était publié le premier quotidien de Molvanie, *Gzorme-mec*, qui fut aussi le premier quotidien à présenter des **jeunes filles dévêtues** en page trois.

Malheureusement, pendant presque tout le siècle suivant, la ville fut en proie à un conflit civil au cours duquel les différents seigneurs de guerre locaux se livrèrent bataille. Le vainqueur, **Hrojkac III** (dit « Hrojkac le Rougeaud »), régna pendant deux décennies. Despote autocrate, il écrasa toute opposition avec une cruauté impitoyable (mais introduisit le **système métrique**) jusqu'à être renversé en 1796, quand le peuple de Jzerbo se souleva, emmené par un paysan charismatique, **Ljocek Vrutklen** (« Le Roi Péquenaud »). La première décision du dirigeant rural fut d'organiser des élections libres, à l'issue desquelles il fut élu, avec 123 % des suffrages, et Jzerbo redevint une cité paisible et moderne de Molvanie. En 1801, la torture fut légalement abolie, même si elle demeura populaire au titre de divertissement jusqu'aux années 1970.

Jzerbo, sur les berges idylliques de la Dribl.

QUAND S'Y RENDRE

Certes, il n'y a ni festival ni manifestation culturelle particulière à Jzerbo, mais il ne faudrait pas pour autant en conclure que ses habitants sont assoupis ou n'aiment pas s'amuser. « À Jzerbo, c'est tous les jours les vacances », peut-on lire sur la porte de l'**office du tourisme** local, ce qui pourrait expliquer pourquoi le bureau a l'air tout le temps fermé.

COMMENT S'Y RENDRE

Le moyen le plus simple est de prendre l'autocar au départ de Lutenblag. La société nationale **AutoMolv** propose un service hebdomadaire, généralement sans arrêt (pas de freins), mais il existe aussi des compagnies privées. On peut également s'y rendre en avion avec **Aeromolv**. Le trajet est parfois long – la politique de la compagnie consistant à survoler l'aéroport d'arrivée sans se poser tant que tout l'alcool en vente à bord n'a pas été acheté et consommé. La location d'automobiles n'est pas conseillée à Jzerbo, la ville ayant été sacrée capitale de l'**agressivité au volant**. Les rues sont étroites et les nationaux ont le droit de conduire dès **neuf ans**.

COMMENT CIRCULER

Hormis pour la lointaine banlieue, les *trollejbus* constituent l'option la plus sûre. Particulièrement bondés, ils imposent de bousculer les autres passagers pour monter et descendre du véhicule. Aux **heures de pointe**, un canif ou une seringue remplie de sang pourront vous aider à vous frayer un chemin. Attention : on ne peut fumer qu'à l'arrière du bus ; la même règle s'applique à l'expectoration (mais on ne peut dire que cet arrêté soit rigoureusement respecté).

RIONS UN PEU !

Une mode récente : les autocollants humoristiques à coller sur les pare-chocs. Voici nos préférés.

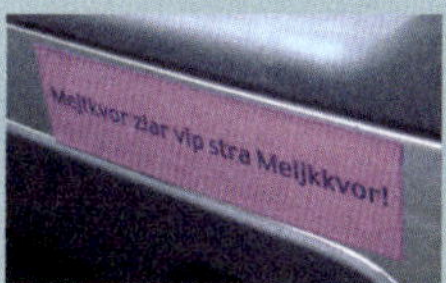

Les montagnards aiment les chèvres de montagne !

Mon autre auto est un tracteur !

Si tu es hongrois, klaxonne !

Ne me collez pas trop : mon coffre est rempli d'explosifs !

OÙ SE LOGER

Jzerbo a du mal à répondre à la demande en matière d'**hôtels de qualité** ; le visiteur sera déçu par l'offre inexistante d'établissements de catégorie supérieure. Mais la situation pourrait évoluer : pour relancer le développement hôtelier, le gouvernement propose en effet des **mesures d'encouragement**, sous forme d'allègements d'impôts et d'immunité judiciaire. Nombreux, en revanche, sont les hôtels de qualité moyenne et inférieure. Bien entendu, plus **on s'éloigne de Jzerbo** plus il est difficile de se loger correctement, hormis à la ferme ou dans certaines stations-service proposant un logement **Shell-habitant**.

$$$ Hôtels - **Catégorie supérieure**

Aucun établissement répertorié.

$$ Hôtels - **Catégorie moyenne**

La situation géographique du complexe hôtelier **Hotjl Kentral** n'est pas optimale : au milieu de grands ensembles moroses, à 5 km du centre. L'établissement possède néanmoins une bonne surface de terrain : on peut s'y détendre dans une tranquillité relative, au milieu de vieux arbres, derrière un grillage barbelé. Les clients reviennent d'une année sur l'autre au Kentral. Pas seulement pour la qualité du service, mais aussi pour retrouver les êtres qui leur étaient chers, enterrés sur la propriété.

296 Sv G.Estefan
41 9206
41 9207
kentral@moldi.co.mv
106
DC, MC, V

Le **Plavniekji** est un établissement de taille moyenne, au nord de Jzerbo. Les chambres y sont petites mais bien tenues. Naturellement, les tarifs augmentent l'été, à l'arrivée du personnel de nettoyage.

À noter : Le tarif avantageux de 100 $ la chambre double comprend un petit déjeuner peu copieux. Des sanctions sévères s'appliqueront à quiconque essaiera de se resservir en tartines.

12 Av Vrutken
42 8282
42 8222
plavn@molnet.co.mv
48
DC, MC, V

En 2004, l'hôtel gouvernemental trois étoiles **Kaca Baltka** a subi d'importantes rénovations. De nouvelles chambres ont été réaménagées et décorées à l'aide d'œuvres d'artistes de Jzerbo. C'est désormais un hôtel une étoile et demie.

64 Sv Rojal
41 4895
41 4896
kaca@moldi.co.mv
40
MC, V

$ Hôtels - **Petits budgets**

Située presque en centre-ville, tout près de la gare, la **Pensjon Klajmazcis** est un établissement privé, très propre, mais d'apparence un brin tristounette. Les chambres ici sont insonorisées, si bien que l'établissement attire aussi bien les jeunes mariés que la pègre de Jzerbo.

89 Bvd Busjbusj
49 2206
49 2207
klam@molnet.co.mv
26
DC, MC, V

Si l'on ne craint pas de s'éloigner du centre-ville, on tentera le **Tija**. Cet hôtel modeste de trois étages ne propose peut-être pas le grand luxe (penser à apporter ses draps) mais le personnel, amical et professionnel, vous conseillera sur ce qu'il y a à voir et aussi à louer, qu'il s'agisse de vélos ou de jeunes garçons.

186 Sv Agtul
42 2406
tija@molnet.co.mv
86
V

À hauteur de la Vieille Ville, mais sur l'autre rive, l'**Hotjl Latjavko** et son infrastructure « style dortoir » attirent les routards comme les guêpes. Avec 50 lits de camp, la « Lat » est officiellement habilitée à accueillir 2 000 clients par nuit.

86 Sv Rojal
41 9206
41 9207
50
MC, V

Comme nous l'avons déjà mentionné, il n'est pas facile de se loger en dehors de Jzerbo. Indiquons toutefois **Rjusta Jzarmac**, centre d'*aggrojturiszmsk* récemment ouvert, à 60 km à l'ouest de la ville. Dans un cadre rustique, cette ferme en activité vous logera au-dessus de la grange. On y mange avec la famille et on aide à abattre le bétail.

À noter : Ouvert toute l'année. Penser à appeler à l'avance, de manière à ce qu'on vous réserve un lit et qu'on attache les chiens.

25 Sv Hetski
44 2158
6

L'hébergement à la ferme se pratique dans toute la Grande Vallée centrale. Les qualités d'accueil sont cependant variables selon les régions.

OÙ SE RESTAURER

Comme pour l'hébergement, la restauration de qualité a du mal à suivre le récent boum touristique que connaît la région. Mais en faisant preuve d'un peu d'audace, on appréciera les **surprises gastronomiques** de la ville. Plusieurs restaurants de qualité ont ouvert récemment – ou rouvert, après avoir à nouveau obtenu l'autorisation des **services de l'Hygiène**. Vous trouverez aussi de nombreuses *tavernjas* proposant une cuisine authentique, souvent agrémentée de danses folkloriques. Attention : quand un artiste se produit, la tradition exige qu'on donne un pourboire (montant variable, selon que le spectacle a lieu à côté de ou *sur* votre table).

En ce qui concerne la boisson, n'oubliez pas que les vins de Jzerbo sont assez corsés, le taux d'alcool étant de l'ordre de 15 à 18 %. Les bières sont plus légères (5-6 %). Et puis il y a toujours, bien sûr, l'eau minérale du cru (3,5 %).

$$$ Les **meilleurs** restaurants

Bien qu'occupant un emplacement central – sur la grand-place – le **Bouljvard N10** est un charmant restaurant où les hordes de passants sont à peine audibles. Malheureusement, on ne peut en dire autant d'Iobor Jzerbcej, le pianiste résident, dont l'amour des marches molvaniennes confère au repas une certaine stridence.

10 Bvd Busjbusj
48 3145
MC, V

Un autre restaurant atteint des sommets, c'est le **Bistroj Gratt-Zcielj**, l'un des plus connus et des plus chers, perché à 85 m du sol, sur la tour des télécommunications de Jzerbo, qui se balance au gré des vents. Personnes sujettes au vertige s'abstenir. Vue impressionnante. Le port du harnais de sécurité est obligatoire.

78 Av Vrutken
43 7375

Le **Ponj Vredjom**, comme son nom le suggère, est bâti sur un pont surplombant la Vredjom. Dans ce café de style, on admire l'eau qui s'écoule : les tables de devant offrent une vue panoramique des lumières de la ville se reflétant dans les eaux de la rivière ; celles de derrière surplombent le tuyau d'écoulement des urinoirs des toilettes pour hommes.

À noter : Le « Ponj » propose également une remarquable carte des vins, à condition d'être disposé à boire des alcools forts.

4 Ponj Vredjom
41 3345

$$ Se restaurer **à prix abordables**

Situé au rez-de-chaussée, le **Pjojo Buz** sert une cuisine typique de Jzerbo – copieuse, à haute teneur en cholestérol et tiède. C'est un des points de rencontre des personnalités locales du show-biz : on les retrouve derrière le bar, ils font le service. Malgré l'ambiance apparemment décontractée, le code vestimentaire est ici assez strict : pour les hommes, chaussures et veste obligatoires.

✉ *57 Sv F.Castro*
☏ *48 3145*

Dans une atmosphère conviviale, le **Gosttilja pri Plavjo** est un bistrot familial qui ne désemplit jamais – en raison de l'excellente cuisine qui y est servie et aussi du fait qu'il n'y a que deux tables. La spécialité du chef (pour deux) est le *szijka*, méli-mélo de saucisses, de steak et de brochettes, servi avec une garniture de romarin dans une assiette brûlante. La version **végétarienne** se compose uniquement de la garniture. Ceux qui ne mangent pas de viande sont donc plutôt invités à choisir autre chose.

✉ *35 Bvd Busjbusj*
☏ *45 9595*

$ Fast-foods et Snack-bars

Arja Tavernja est un restaurant traditionnel, façon pub. Une guirlande de clochettes tinte quand vous poussez la lourde porte de bois ; aussitôt une serveuse vous porte un verre de vin rouge maison. Il ne faut en aucun cas le boire. Les murs sont parés de fourrures d'animaux de la région. Ces peaux non séchées exhalent un fumet d'authenticité rustique et un arôme de chair pourrie. Senteur certes âcre, mais qui présente l'avantage de masquer les arômes en provenance des cuisines. Au moins les plats sont-ils copieux. On peut affirmer sans risque de se tromper que nulle part en Europe vous ne trouverez de meilleurs ragoûts d'abats d'oie.

✉ *70 Av Vrutken*
☏ *45 3846*

Il ne faut pas se laisser leurrer par le panneau miteux à l'extérieur du **Bistroj Bzorzo**, annonçant « service seins nus ». En fait, il n'y a que des serveurs, et la plupart sont assez âgés. Ceci mis à part, on y mange bien. Le « **menu du jour** », vaut particulièrement le détour ; selon plusieurs rapports, il n'a pas été modifié depuis 1976.

✉ *145 Sv G.Estefan*
☏ *44 2615*

À VOIR, À FAIRE

Comme pour la plupart des grands bourgs de Molvanie, le centre de Jzerbo est dominé par une impressionnante **cathédrale**, Sainte-Cvorbcek (ouverte tous les matins dès 8 h), qui doit son nom à la sainte patronne de la ville. Mieux vaut s'y présenter assez tôt, car les touristes s'y pressent en masse. (Attention : tricots de corps, sandales et piercing de tétons interdits.) Devant l'entrée vous apercevrez un **mendiant édenté** crachant des insanités aux passants. C'est l'évêque local.

À l'intérieur de la somptueuse cathédrale baroque, on est immédiatement subjugué par l'**orgue** massif, qui fut conçu et réalisé par le facteur **Jurjst Yvenc**, de Lutenblag. Avec sa console unique, ses quatre claviers, ses neuf pédaliers et ses 6 718 tuyaux (de 10 à 13 m), c'est l'un des plus grands orgues d'Europe. Il ne produit néanmoins qu'un seul couinement suraigu.

Tout près, la **chapelle Saint-Anjevlik,** bâtie entre 1622 et 1636. Parmi les fresques du plafond, peintes par le maître italien Iacinto Campana, citons *Le Baptême du Christ* et *La Mort de saint Pierre*. Quant à savoir si le tableau de la sacristie (*Fille nue sur cheval à la plage*) est l'œuvre du maître, les historiens de l'art sont divisés.

Les amateurs de culture se précipiteront au **musée mémorial Krisjanis Burzjen** de Jzerbo. L'exposition confidentielle a lieu à l'appartement n° 5, occupé par Krisjanis Burzjen en personne, le plus illustre collectionneur de littérature orale en Molvanie. Le musée, qui présente une rétrospective de sa vie et de son œuvre, mérite une visite. Attention : nous conseillons aux jeunes femmes que M. Burzjen invitera à l'étage pour apprécier son « exposition folklorique » de ne s'y rendre qu'en groupe.

Le directeur du musée Krisjanis Burzjen
(photo avec l'aimable autorisation de la « Section contre-enquêtes » de Molvanie)

À deux pas du centre, le Muséum d'histoire naturelle propose des expositions permanentes de géologie, d'entomologie et d'anthropologie, ainsi qu'un **herbier**. Vous n'y serez pas gênés par les touristes, puisque le musée n'a encore à ce jour jamais eu un seul visiteur.

L'une des voies les plus superbement conservées de Jzerbo est le **boulevard** qui borde au sud le **parc Vredjom**. Outre les cafés et les antiquaires, on y trouve de superbes habitations, dont une somptueuse villa en chalcanthite, où vécut jadis le bourreau de la ville, jusqu'à la suppression de son poste en 1993.

Les larmes de la foi...
Sainte Cvorbcek est la sainte patronne de Jzerbo. Des images de cette figure à la barbe généreuse sont visibles dans toute la ville. Née en 1398, cette simple paysanne se tailla vite une réputation de dévote mystique, sujette aux transes et aux visions (notamment de fréquentes apparitions d'hommes nus). Le culte que vouent les fidèles à Cvorbcek atteignit son comble au siècle dernier quand une de ses statues érigées dans les faubourgs de Jzerbo se mit à pleurer. Des milliers de croyants entreprirent alors le périlleux pèlerinage et, malgré un ticket d'entrée coûteux, se prosternèrent devant la sainte image. L'affluence diminua dans les années 1980, après que des scientifiques eurent révélé que les larmes de la statue étaient actionnées par un système de pompe à pièce. Pourtant, aujourd'hui encore, les fidèles viennent se recueillir sur ce monument sacré.

Jzerbo est une ville pour ceux qui n'ont pas froid aux yeux. C'est en effet ici qu'on trouve l'un des plus grands stades de **stajbulek** (corrida) d'Europe de l'Est. La corrida molvanienne diffère de son homologue espagnole à plusieurs titres : ici, le *matjeodor* (torero) se déplace sur un tricycle. Au lieu d'agiter une cape rouge, il est muni d'un **aiguillon électrique**. Devant un tel spectacle, le public se régale et n'hésite pas à parier de grosses sommes. Combien de minutes la bête tiendra-t-elle avant l'arrêt cardiaque ?

Dans les faubourgs ouest s'étend un vaste parc où l'on peut pique-niquer entre les étangs, les fontaines et le **cimetière forestier**. De nombreuses personnalités de Jzerbo sont enterrées dans cette pinède, entre autres l'écrivain Vorj Dragkot, le champion d'échecs Illjia Ggrezel et le grand comédien Hernj Hkorml, lequel dut ultérieurement être déterré, après que l'expertise médico-légale eut démontré qu'il n'était pas mort mais seulement en plein entracte.

La ville de Jzerbo est ceinte d'un fossé empli d'une eau croupie dégageant une odeur pestilentielle. Ne pas s'approcher. Non seulement ce liquide est nocif, mais en outre c'est la principale réserve d'eau de la ville.

GYRORIK

Gyrorik est aussi appelée « Porte de Molvanie », ce qui se comprend facilement pour qui erre sans but vers le sud à travers les marécages de **Torzjeccim**. Non seulement Gyrorik est l'une des plus anciennes villes de Molvanie, mais c'est aussi la cité où le brassage culturel est le plus important, avec des populations originaires de Pologne, de Slovaquie, de Hongrie, d'Estonie et d'Ukraine. Tous se retrouvent en détention au pénitencier de Gyrorik (ouvert du lundi au vendredi – prière de ne pas nourrir les détenus).

Avec ses larges boulevards à trois voies, ses nombreux parcs et jardins et sa **promenade sur berges**, Gyrorik pourrait aisément être l'une des plus charmantes villes de Molvanie. Malheureusement, ces atouts ont disparu ou ont été défigurés durant le **boum économique** des années 1970 et Gyrorik n'est plus aujourd'hui qu'un centre industriel sinistre. Mais, au-delà des grands ensembles et des stigmates de l'industrie lourde, la ville réserve de belles surprises. Ainsi le **musée de la Guerre** de Gyrorik présente-t-il une exposition entièrement consacrée au **Régiment des fusiliers de Molvanie**, qui lutta vaillamment pour son pays lors de la Seconde Guerre mondiale, jusqu'à sa désertion en masse de 1943 et son ralliement au nazisme. Le **Jour du souvenir**, vous verrez autant de personnes déposer des gerbes sur le mémorial et le couvrir de tomates. Les festivals jouent aussi un rôle primordial dans la vie culturelle de Gyrorik. Un défilé coloré emplit parfois les rues. On crie, on klaxonne. C'est ce qu'on appelle *veerjkul* (l'heure de pointe).

Gyrorik est entourée des fameuses plaines Queljconkj. Naguère fuies des touristes, elles constituent à présent une destination très appréciée, surtout depuis que le niveau de radioactivité est à peu près redescendu en dessous des normes préconisées par l'OMS.

HISTOIRE

Le bourg de Gyrorik vit le jour au IIIe siècle, lorsque les bergers y élisaient domicile durant les rudes mois d'hiver. Les archéologues ont retrouvé de nombreux **artéfacts** datant de cette période. La plus célèbre est une figurine en terre représentant un jeune pâtre ; une fois rempli d'eau, il **urine tout seul**. Des spécialistes considèrent que c'est sans doute le plus vieux gadget fantaisie en céramique au monde.

Au VIIIe siècle, Gyrorik devient un **centre d'affaires florissant**, doté de son propre gouvernement, de sa propre armée, de ses propres maladies, et même d'une langue. Fiers de leur cité, les habitants s'isolèrent de l'extérieur, jusqu'à vouloir leur indépendance en 900. Prêts à mener une lutte âpre, les dirigeants et le peuple furent étonnés que le reste du pays leur accorde cette requête sans conditions. Des fonds furent même débloqués pour accélérer le processus. La **République indépendante de Gyrorik** vit le jour peu après et dura trois ans, période au terme de laquelle les Gyroriciens votèrent pour être réintégrés à la Molvanie.

Malgré son isolement, Gyrorik a souvent, dans l'histoire de la Molvanie, fait office de précurseur. Ainsi, c'est à Gyrorik que se manifesta la première **peste bubonique**. L'éclairage municipal fut généralisé dès 1743. Mais la ville entière disparut dans les flammes en 1744, remettant en cause l'usage de **lampadaires fonctionnant à la poudre à canon**. Au XXe siècle, Gyrorik continua d'assumer son rôle de ville pionnière : elle fut la première à autoriser la conduite automobile des deux côtés de la chaussée – au choix du conducteur – et à accorder le droit de vote au **bétail**.

Florissante, pétulante, animée, Gyrorik ne demande qu'à être explorée !

Le maire de Gyrorik, M. K.V. Stronzlhem avec son jeune fils « Petit Léon », chanteur de cabaret et représentant en engrais.

COMMENT S'Y RENDRE

Train. L'axe ferroviaire Lutenblag-Jzerbo fut considéré par les habitants comme potentiellement porteur de progrès, jusqu'à ce qu'ils s'aperçoivent que la ligne contournerait Gyrorik. Les voyageurs peuvent en fait monter à l'**embranchement de Trbeki** et finir le voyage à dos d'ânes tirés par des chevaux. Les visiteurs trouveront cette option charmante jusqu'au moment où ils se rendront compte qu'il n'y en a pas d'autre.

Avion. La compagnie aérienne régionale GyroProp propose des **vols quotidiens** en provenance et à destination de Lutenblag. Néanmoins de nombreuses plaintes ont été enregistrées concernant la perte de valises. Problème assurément exacerbé par l'habitude peu commune consistant à attacher les bagages à l'extérieur de l'appareil. Mieux vaut emporter à bord le plus grand nombre possible de valises.

Attention, nous rappelons l'**interdiction de fumer** dans l'aéroport de Gyrorik. Un espace fumeur a cependant été aménagé, à côté du local de ravitaillement en carburant.

Voiture. La ville a beau se situer loin de tout autre centre urbain, la plupart des routes vers Gyrorik bénéficient d'un marquage impeccable et sont fréquemment déminées. Les conducteurs devront s'assurer du bon état de leur véhicule. Le GAC (**Gyrorik Automobile Club**) a en effet beau être très actif, ses dépanneuses sont, pour des raisons techniques, souvent indisponibles.

COMMENT CIRCULER

Gyrorik s'enorgueillit de posséder l'un des **réseaux métropolitains** les plus efficaces d'Europe. Malheureusement, il ne fonctionne que sur un tronçon de 2 km et est donc d'un intérêt limité. Mieux vaut prendre le bus. Les taxis sont nombreux, mais les tarifs pratiqués peuvent être rédhibitoires (les chauffeurs comptent un supplément pour les « options » telles que ceintures de sécurité et évitement des nids-de-poule).

Les grands cafés : à la molvanienne !

À Gyrorik, les amateurs de caféine pourront commander un *kappacinjo* fumant, avec mousse garantie à base de lait en provenance d'animaux à 100 % atteints de l'ESB.

OÙ SE LOGER

Les **possibilités d'hébergement** ne manquent pas à Gyrorik. Les établissements les plus coûteux sont du niveau des hôtels de luxe d'Europe de l'Ouest. Les moins chers, en revanche, vous donneront une idée de ce que furent en 2002 les **bastions souterrains des Talibans**, lors de l'invasion de l'Afghanistan.

Outre l'hôtel, la location de villas est **de plus en plus pratiquée** ; un bungalow deux pièces dans les faubourgs se négocie par exemple à 200 Ꞩ la semaine. Prévoir de débourser un peu davantage, bien sûr, si vous tenez à ce que les occupants s'en aillent pendant votre séjour.

Un voyageur averti en vaut deux...
À Gyrorik les visiteurs penseront à emporter dans leurs affaires des bondes de baignoire standard, lesquelles sont souvent manquantes dans les salles de bains des hôtels. À ajouter également : lampe de poche, trousse à outils et échelle de corde.

$$$ Hôtels - **Catégorie supérieure**

Tout près du centre, l'**Hotjl Prozta** est depuis longtemps apprécié des hommes d'affaires et des couples adultères. Les chambres sont spacieuses, les plafonds élevés, et les tarifs du minibar plus élevés encore. Des œuvres d'artistes locaux sont pendues dans le vestibule, ainsi que plusieurs clients ayant été surpris en train de voler des peignoirs.

✉ *54 Av Nazjonal*
☎ *22 7575*
℻ *22 7577*
@ *prozta@mol.co.mv*
46 🍴
DC, V

Tombé en décrépitude, l'édifice a été méticuleusement reconstruit à l'identique, avec un goût prononcé du détail. Pourquoi les propriétaires du **Spakiegjo** se sont-ils donné toute cette peine ? Cela reste un mystère. Le bâtiment n'a en effet que 12 ans. C'était auparavant un vidéo-club.

✉ *23 Sv Bruce Lee*
☎ *24 5804*
℻ *24 5805*
@ *spak@molnet.co.mv*
16 🍴 *DC, V*

Le **Gyrorik Holidaj Injn** correspond exactement à ce que l'on est en droit d'attendre d'un établissement affilié à cette prestigieuse chaîne hôtelière. Des spécificités locales méritent d'être mentionnées – les stalactites, par exemple. Le service peut être un peu lent, et s'il est dans votre intention d'utiliser l'unique ascenseur de l'hôtel, mieux vaut réserver un jour ou deux à l'avance.

À noter : Le « parcours santé » comprend une piscine au sous-sol et trois buvettes.

✉ *78 Av Busjbusj*
☎ *28 0539*
℻ *28 0555*
@ *inn@moldi.co.mv*
94
MC, V

$$ Hôtels - **Catégorie moyenne**

En plein centre-ville, le **Gbocjan Mic** est un hôtel de construction récente offrant un bon rapport qualité-prix. Le « **spectacle folklorique** » que propose le restaurant de l'hôtel se résume, nous dit-on, à un vieillard – ivre la plupart du temps – dont le répertoire de « ballades traditionnelles » consiste essentiellement à hurler « *Erz vbe irg gugubcelc !* » (« Montre-moi ton soutien-gorge ») aux clientes perplexes, avant de s'écrouler au bar.

12 SvMaoTseTung
25 0951
mic@molnet.co.mv
24
V

Situation centrale, chambres spacieuses, dont certaines équipées de baignoires et de la climatisation ? Vous êtes au **Aranjy Palatz**. Ici, pas de restaurant ni de club santé. Les clients sont cependant autorisés à utiliser les infrastructures de l'établissement jumelé avec l'Aranjy, judicieusement situé à Budapest.

60 Av Nazjonal
22 0412
22 0411
aranjy@mol.co.mv
20 *DC, MC, V*

Un peu à l'écart de la ville, sur la route de Lutenblag, se trouve le **Kaca Sobieje**, complexe de six étages comprenant restaurant et équipements sportifs. L'établissement étant situé en bord de route, les chambres en façade sont particulièrement bruyantes. On sera donc inspiré d'en réclamer une sur cour, où le fracas de l'aciérie voisine noie généralement le bruit des autos.

186 Sv Lutenblag
22 7575
22 7577
sobie@molnet.com
129
MC, V

Le **Jborkle Palatz** a aujourd'hui bien du mal à conserver le panache de sa grandeur passée. Les travaux de rénovation entrepris dans les années 1970 ont certes permis le maintien partiel des fastes d'antan (*cf.* l'impressionnant **escalier de marbre**) mais ce fut au détriment de certains aspects architecturaux : plusieurs **murs de soutènement** ont, par exemple, été supprimés. Par conséquent, les planchers ne sont plus d'équerre et le toit fuit. En revanche, certaines fissures de la façade offrent une vue imprenable sur le parc voisin.

90 Sv Czokrak
28 1563
jbork@moldi.co.mv
43
V

Ce qu'en dit Philippe...

« Ma première visite de Gyrorik remonte à 1976. À l'époque, il n'y avait pas un seul hôtel. Absolument. »

P.M.

$ Hôtels - **Petits budgets**

À un jet de cocktail Molotov du centre, vous trouverez **Miltajkadetka**, ancien pénitencier transformé en auberge de jeunesse d'État. Les chambres sont exiguës mais calmes, ce qui ne surprendra pas quand on saura que ce sont des **bunkers en béton** profondément enfouis sous terre. Certaines parties ont été conservées en l'état et sont ouvertes au public, dont le mess (transformé en café) et le **parcours du combattant** (transformé en hall).

À noter : Le stand de tir, pourtant très couru, a malheureusement dû être fermé, suite à des plaintes répétées de l'école primaire contiguë.

37 Sv Bruce Lee
20 7423
20 7422
gruc@mol.co.mv
142

L'auberge privée **Bejcelzet**, certes moins bien située, offre néanmoins des prestations de meilleure qualité : salle de jeux, cybercafé et boutique de piercing à petits prix.

À noter : Le propriétaire, ancien adjoint au commissaire de police, constitue une source d'information fiable sur le secteur, surtout si vous êtes en quête de drogue.

104 Ul Pizpiz
27 9870
bejc@net.co.mv
86
DC, MC, V

Pour savourer une nuit à la campagne, 45 km seulement vous séparent du complexe touristique à la ferme du **manoir Boricja**. Confortablement installé dans votre étable retapée, vous admirerez le gai labeur du fermier s'occupant avec amour de ses 10 000 poulets en batterie. Ici, on n'accepte pas les cartes de crédit. Règlement uniquement en liquide ou en cigarettes.

34 Sv Onslo
23 2325
6 stables

Dîner en terrasse – à la mode de Gyrorik.

OÙ SE RESTAURER

Comme partout en Molvanie, la gastronomie se développe à vive allure à Gyrorik. Si les restaurateurs s'adaptent à l'évolution des goûts et à la nouvelle législation en matière d'hygiène alimentaire, les mauvaises habitudes ont la peau dure : ce n'est pas à Gyrorik que vous mangerez équilibré. Fritures, mets plantureux, viande rouge et **desserts bien riches** composent encore l'essentiel des menus. Toutefois, de nombreux restaurants, soucieux de s'inscrire dans la tendance vers une vie plus équilibrée, ont installé en cuisine des défibrillateurs cardiaques. On agrémentera volontiers le repas de deux ou quatre verres de vin de Gyrorik. Cette boisson à forte teneur en alcool est vendue à la bouteille en épicerie et dans le rayon décapants pour peintures des quincailleries. Et pour parachever cette folle virée ? Une tasse de *tzerca*, bien sûr. Cette tisane locale possède de puissantes vertus médicinales – elle provoque des vomissements.

$$$ Les **meilleurs** restaurants

Si on se presse au **Starejo Miaska**, c'est d'abord pour l'ambiance : il s'agit d'une cave aux murs de brique éclairée à la chandelle, dans l'un des plus vieux manoirs du centre de Gyrorik. Mais la cuisine, avec ses spécialités à base de volaille, est succulente. Vous choisirez le volatile dans sa cage, et, honneur suprême, le cuisinier vous laissera le tuer de vos propres mains. Le trio à cordes apporterait une incontestable touche de sophistication, si les musiciens n'étaient pas tous trois joueurs de banjo.

✉ *24 Sv Dipterja*
☎ *29 8872*
▭ *DC, MC, V*

Malgré une proximité de la mer toute relative (2 000 km), **Oceajana** propose un large choix de fruits de mer. Le plateau de sushis est à mourir, dit-on. Au sens strict.

✉ *23 Av Nazjonal*
☎ *21 9961*
▭ *MC, V*

Juste à côté du musée de Gyrorik, vous découvrirez **Qchinzja**, une des grandes institutions culinaires de la ville. Cette ancienne grilladerie fait aujourd'hui encore la part belle à la viande, y compris dans les desserts.

À noter : Les clients qui mangent casher se méfieront : le « plateau de grillades à l'ancienne » est susceptible de contenir du pénis de cochon fumé.

✉ *17 Av Nazjonal*
☎ *23 6986*
▭ *MC, V*

L'HABIT SOUS LE BRAS !

LES RESTAURANTS DE MOLVANIE ATTIRENT LES TOURISTES EN PROPOSANT DES SPECTACLES DE DANSES EN « COSTUME TRADITIONNEL ». LES HISTORIENS LES PLUS TOLÉRANTS SE MONTRENT SCEPTIQUES QUANT À LA PANOPLIE LA PLUS SOUVENT UTILISÉE – SOUTIEN-GORGE ET STRING OUVERT. UN TEL ACCOUTREMENT EST EN OUTRE DÉGRADANT POUR LES HOMMES FORCÉS DE SE VÊTIR AINSI.

$$ Se restaurer **à prix abordables**

À deux pas de l'hôtel de ville, le **Bzorgas** est un restaurant décontracté, qui plaît autant aux habitants du lieu qu'aux visiteurs. La fraîcheur est ici le mot d'ordre absolu – tous les repas sont décongelés sur place. En été, la clientèle s'installe en terrasse sur la place pavée, pour échanger des ritournelles ou des coups de poing, selon les doses d'alcool ingurgitées.

✉ *78 Sv Frokstok*
☎ *29 5961*

Au cœur du quartier le plus animé, **Kazminc Jboba** est une *tavernja* sans prétention. On s'y presse pour déguster les spécialités de Gyrorik, telles que la *hzermul* (cervelle frite à l'ail), le *ezikj* (langue), la *scklat jcumba* (soupe de tripes épicée) et le fameux *prochza* (fromage aux gésiers).

À noter : Des mets plus classiques sont aussi au menu, steak ou poulet, par exemple, généralement servis sur un lit de *zmecj* (mucus de mouton).

✉ *56 Sv Frokstok*
☎ *22 1853*

Au cœur du Vieux Gyrorik se dresse l'élégant **Branjkso**. Avec un éventail de plus de 50 plats de résistance, le « Branjk » ne facilite pas la tâche des indécis. Nonobstant, 48 d'entre eux sont à base de hareng mariné.

✉ *78 Sv Frokstok*
☎ *29 5961*

$ Fast-foods et Snack-bars

Récemment ouvert, le **Yankjees** propose – ce sont ses termes – une cuisine hybride « américano-molvanienne » tout à fait intéressante : on y dégustera de la pizza à la betterave, du hamburger de mulet et du soda à la ciboule. En raison d'une interprétation quelque peu littérale de la composition du « **hot-dog** », mieux vaut ne pas se risquer à y goûter.

✉ *21 Sv Bruce Lee*
☎ *27 6583*

Autre snack-bar peu onéreux, le **Vvaji**. Ce drôle de petit café propose une cuisine et un service exquis, dans un cadre agréable, dépourvu de fenêtres. Les tables ne manquent pas, mais vous bénéficierez d'une ristourne en acceptant de vous installer au comptoir ou sur les genoux du chef. L'été, on pourra manger sur l'agréable terrasse, à condition de ne pas craindre les guêpes, moucherons, mouches de mer, et autres mendiants tsiganes.

✉ *30 Sv Mao Tse Tung*
☎ *25 2362*

À NE PAS MANQUER

En dépit de sa réputation de ville industrielle, Gyrorik est aussi connue pour ses superbes **espaces verts**. Avec leurs 44 hectares, les **jardins Hopzebja** attirent les gens de tous âges, qui viennent s'y promener, pique-niquer, jouer au frisbee et, dans un cadre splendide et ombragé, se délester de véhicules volés.

Vieilles branches !

Dans les Jardins Hopzebja s'épanouissent de nombreux arbres de Molvanie, certaines espèces n'existant nulle part ailleurs, comme l'*orme à rameau cassant*, le *pin à tronc fendu* ou le *saule Bellow*. Le spécimen le plus fameux est assurément le *chêne sans racines*, vieux de 150 années, réputé comme étant le feuillu à la croissance la plus lente au monde. Au cours du XVIIIe siècle, son bois fut activement recherché par les constructeurs de bateaux qui utilisaient ses courtes branches noueuses pour alimenter leurs fours.

Bien sûr, Gyrorik est avant tout la ville natale de **Tzozar Czevkel** (1772-1821), le plus illustre compositeur de Molvanie. Aussi peut-on admirer, dans le parc, la gracieuse statue de **bronze de Czevkel**, montrant le génie dans une position typique – pantalon sur les chevilles, une bouteille d'eau-de-vie dans une main, un jeune gitan dans l'autre.

Le Vieux Gyrorik recèle maintes merveilles architecturales, dont l'horloge municipale, bâtie par les artisans du cru en 1421, fameuse pour n'avoir pas une seule fois affiché l'heure juste.

Le **vieil arsenal** du XVIe se trouve juste en face de la cathédrale. Mêlant avec bonheur les styles Gothique et Renaissance, c'est aujourd'hui le **musée de Gyrorik**. On y admirera plusieurs objets royaux, des ors, de l'argenterie et de la broderie du XVIe siècle, dissimulés dans les murs de l'arsenal en septembre 1939 pour les soustraire à l'envahisseur russe. La collection ne fut retrouvée qu'en 1992. Ironie du sort, les ouvriers qui installaient un système de ventilation découvrirent le trésor et s'enfuirent avec. L'exposition actuelle est constituée des quelques pièces qui furent oubliées.

À l'est de la Vieille Ville s'étend un complexe constitué de **maisons austères**, dépourvues de fenêtres, toutes ceintes d'un haut mur couvert de peintures représentant la **mort par les flammes**, la crucifixion et l'enfer. C'est ici, au Moyen Âge, que les lépreux étaient regroupés. Aujourd'hui, c'est un centre d'accueil pour enfants.

La cathédrale de Gyrorik est un bâtiment superbe et imposant situé en retrait de la grand-place. De la sacristie, on emprunte l'escalier de bois pour accéder à la tour d'où on admirera la **cloche Zjekvel**. L'embrasser, dit-on, porte chance. Le taux élevé d'herpes simplex parmi les fidèles peut cependant permettre d'en douter quelque peu.

Impossible de visiter Gyrorik sans voir ses fameux **abattoirs**, comptant parmi les plus vastes et les plus mécanisés d'Europe. Des visites sont organisées (demi-tarif pour les enfants). Mieux vaut réserver à l'avance, surtout l'été, car c'est une des attractions les plus appréciées de la ville.

Le célèbre réacteur nucléaire de Gyrorik, l'un des plus vieux d'Europe – certaines fissures datent des années 1960.

Le maître des échecs

C'est à Gyrorik que naquit l'illustre et énigmatique maître des échecs Illja Ggrezel. Ses exploits ont pu paraître contradictoires : grand maître international à 12 ans, il connut l'échec au permis de conduire à 25. Ayant battu Victor Kramnik et Gary Kasparov aux championnats du bloc de l'Est 1998, il fut déclaré forfait en finale, faute d'avoir entendu son réveil. Ggrezel doit sans doute sa renommée à sa victoire spectaculaire, dans le cadre des parties « Homme contre machine » de Lutenblag en 2001, contre le super-ordinateur molvanien « Deep Brown ». Capable de procéder à 14 milliards d'opérations avant chaque coup, la machine fut disqualifiée, faute d'avoir respecté les délais.

POÈME D'ADIEU

En 1920, le poète de Molvanie K.J. Bcekjecmec (à droite) écrivit cette ode traditionnellement déclamée aux visiteurs qui quittent le pays (ou sont déportés).

Adieu ô visiteur de notre terre belle
Terroir par ta simple présence enrichi
Comme sa présence sous ton itinérante semelle
t'a enrichi.

Nous nous quittons bons compagnons
Mais qui sait si la prochaine fois
Le sang ne coulera de ton cœur, de ton foie
Si tes membres ne deviendront moignons.

Ô oui, nos fils se haïront
Tel est le dessein de Dieu et de la Nature
Ils ne pourront se voir en peinture
S'entre-tueront.

Mais pour l'heure trinquons dans la gaieté
Va ton chemin, camarade
Sache que je vous maudis, toi et ta famille malade
Pour toute l'éternité.

Les numéros de pages en **caractères gras** renvoient aux références principales. Les numéros de pages en *italique* renvoient aux cartes. Les numéros en ***caractères gras et en italique***, c'est juste pour faire bien.

À noter : Les pages ne correspondent pas toujours aux sections indiquées. Attention : il ne s'agit pas d'une erreur de notre part. L'ouvrage ayant été fabriqué en Molvanie, certaines convictions d'ordre numérologique ont dû être respectées.

A

abattoirs **109**, 165,
voir aussi enfants, attractions pour
activités criminelles,
voir politique
activités sportives et de plein air 22-3
Aeromolv 39
aggro-turizm 75, 151
Agzvca, vallée 75
ail 28,
voir aussi monnaie
alcool,
voir carburant pour avions
aliments et boissons 21
Alpes molvaniennes 62-87
ambassade américaine 56
ambassades et consulats ***38***
amersauvignon 82
animaux domestiques,
voir gale
anthrax, zones épargnées par **21**
arboretum
arc de triomphe,
voir guide français
armes à feu 42,
voir aussi divertissements
armes de poing ***111***
art 32
asiles d'aliénés 20,
voir aussi enfants, attractions pour
assurance 38
ATMs 41

B

banques 38
Bardjov 91-8, *91*
bateau 109
bazurkas 57
béton,
voir Steppes occidentales
bibliothèques **57**, 107
bijouteries 57
Biljgum 126
bistrots,
voir enfants, attractions pour
Bogstruum ***110***
Bohinnjcbo Verdec 12
boire 28-9
boire et conduire 39
botulisme,
voir Lutenblag, où se restaurer
Brailja, Vcez 112
Brajvov 156
brasseries,
voir religion
Brijzov Museum 57
Bu-Bu,
voir Busjbusj, Szlonko
Bumkrak 83
bungee-jumping,
voir activités à haut risque
Burrp, Day Tours 48
Burzjen, Krisjanis 154
Busjbusj, Sterna 122
Busjbusj, Szlonko 16, 72
Bvorvil Mite 111
Bzejenko, Lec 86
Bzejewc 126

C

camping 1090
capitales 18
cathédrales 139, 154, 165
caves 108
chasse **23**, 35
châteaux 116, 140
Cherzjov, forêt de 130
chien de chasse éternuant de Molvanie 21
chiens,
voir Crezep, où se restaurer
chirurgie dentaire,
voir quincailleries
choléra,
voir Lutenblag, où se restaurer
cimetières,
voir tombes anonymes
Cirque royal de Molvanie 97
Cist 109
climat 35
cliniques des disfonctionnements de l'érection 56
communauté homosexuelle,
voir Clubs de chasse, Clubs de tir
Concert Hall, Lutenblag 56
conduire 39
Course de Taureaux ***35***
Crepzep 131
crimes violents,
voir vie nocturne
Crudd ***146***
Cvecej, Jana 73
Cvorbcek, St 155
Cvweta, autoroute 92
Cweveskid 43
Czarbuncle, montagnes 146
Czelm, parc 108,
voir aussi tombes anonymes
Czervkle, Viordar 22
Czevkel, Tzozar 30, 164
Cziksos 74
Czroyjes 128

D

danse classique 33
danse populaire 32
danse, cabines privées 33
Debrizca, lac 81
déchets toxiques,
voir cliniques de puériculture
Demkjo, Bratislav 32
dentisterie médiévale, musée de 81
départ, taxe de ***39***
dératisation **19**, 121, 135
descente de chevaux en dérapage 35
Dirj, Azmon 31
douanes et taxes,
voir officiers, corruption des
Draab, vallée 99
Drible, rivière 148
drogue 36, 39
Drypp 86
Dvokic, Gyidor 12
dysenterie,
voir Crezep, où se restaurer
Dzrebo 110-17, 110

E

écotourisme,
voir aggro-turizm

éducation,
voir enfants, abus sur
électricité 38
épagneul triste,
voir chiens
équitation 48, 56
espèces menacées 21
Ewcvej, Vyodaor 141
exhibitionnisme,
voir Jzerbo, maire de
expositions,
voir galeries

F
famille royale,
voir maladies congénitales
fascisme,
voir conducteurs de tram
faune et flore 21
film et vidéo 33
Fitzula, rivière 18
fontaines baroques 12
Fyodor, St 25
Fzdari, groupe
Fzipdat, plante 21

G
Gastrodizzi 53
Gbebzeci 126
Ggrezel, Illjia 165
Girtt 91
Gladbaag, dynastie 13
Grande plaine 74-5
Grande vallée centrale 144-65
Grekjez, Jorg 59
grive de Molvanie **107**,
voir aussi infections fongiques
Grotti 147
Guarjda Civilje 36
Gyrorik 156-65, 156
Gzapaov, Vron 31

H
Helmzlog III 58
Hercmec 80
Hiking 48-9
histoire 12-16
Hopzebja, jardins 164
Horloose Museum
horsflab 28
huile d'olive,
voir industrie automobile
Hvobecz, noix 21
hypothermie,
voir climat

I
Infos touristes 46
Institut Madakina Anabolika 38
institutions militaires,
voir châtiments exceptionnels et cruels
intestins irritables, syndrome des,
voir Lac Skrotul, où se restaurer

J
jardins botaniques, Lutenblag 61
Jchuvski, Anton 133
Jerko, rivière 72
journaux 33
Jzerbo 147-55, 147
Jzerkev, parc national de 101,
voir aussi tombes anonymes
jzornflek ***106***

K
Karolcyi 87,
voir aussi solvants industriels
Kjerzenko, poisson 71
Klodd 23
Klub Lezur 95
Konkerthausj 47, ***56***
Krejskzbec, Willjm 116
Kvkadra Horn 30
Kvorcecz 80
Kzamailkia, maison culturelle 56,
voir aussi brasseries
Kzmurta 72

L
Lac Vjaza 141-3
lipobagie 37
littérature 32
location d'appartements et villas 49
location de voitures,
voir sports extrêmes
loups,
voir chasse
Lublova 99-108, 99
Lutenblag 44-61, 47
Lutenstaad, le 22

M
magazines 32
maladies infectieuses 38
malaria **38**, 100
Martejz, Jzan 116
mastiff de molvanie 107
mczemet, Febycin 97
météo 35
Mevtrajo, Hzmach 108
Miseree, Philippe 36, 51, 75, 85, 100
Mljkslaat 61
Molestov le Clown ***97***,
voir aussi enfants, abus sur
monastère bénédictin 90
monnaie 38
Motensparg 12
Mukjus 28
musique,
voir douleurs auriculaires
Muzcecl, fromage 96,
voir aussi risques biologiques
Mzazeruk 30
Mzemet, Fr. Jzerco 34

N
natation,
voir hypothermie
Néonazis,
voir gouvernement local
Nonjdezcrip, plaines 156
Notre-Dame, église de,
voir vie nocturne

O
office du tourisme national ***46***
Olja 17
or,
voir dentisterie
ours brun de molvanie 129
Ovza 29,
voir aussi pêche

P
panais,
voir sortir dîner, desserts
Parthag, St 12
Parti Unifié des Tyrans, Despotes et Dictateurs 165
Passegjeco 73
passeports 38
pêche 29, **143**,
voir aussi explosifs sous-marins
peine de mort 38
photographie 38
pigeons **115**, 130, 162
plages 109, 141
Plateau occidental 118-43
Plavec 130
Plunkas 72
Plutto **23**, 67, 110
poisson-gelée,
voir Lac Vjaza
Ponj Vredjico 129
ponts 38
pootanc 35
Postenwalj, chaîne des 83-7

poux,
voir Lutenblag, coiffeurs
Prablik, roi 84
Pusctel 35
Putul 35
Pysst 35
Pzotjicas ***126***

R

radiations,
voir Gyrorik
radis,
voir biens de luxe
rayons X,
voir douanes
Rebljeten, Jzacol 32
rongeurs,
voir hôtels, Vajana
rôti de cheval,
voir barbecues
Route Royale 100
routes sans péage,
voir autres pays
Rubrav 90
Ruzbcil, Hlavni 77
Rzecbec, Tjojar 124
Rzeumerten, Djar 73

S

sangsues 38, **100**
Sasava 121-30, *121*
Schovjen, Petjka 56
Scunge 159
sécurité 38
séjour à la ferme 75, **151**
Semtex,
voir cadeaux
shopping 42
Sjerezo 131-40, *131*
ski 87, 150, 165
Sklertzen, enceinte 36
Skrotul, lac ***109***,
voir aussi salinité
Skumpta 98
Slagcev 109
Slakof,
voir Slakoff
Slakoff 110
Slobadril un Mustaza 65
Slutceck 135
Smogvec 157
Snorb-ur-mec 163
Spatzal! 31
Spiegleglaz 35
Spliff 162
Splutfab 57
sports aquatiques ***81***
Spredzelegz 76
Steppes orientales 88-177
Stinckhoff 82
Stinkas 75
Stolpp 99
Stompff 113
Styzmer, canal ***97***
Svetranj 65-75, 65
Swinefest **35**, 53, 97

T

terrorisme,
voir chauffeurs de taxi
théâtre 32
Tittoff 110
Tkermec, Jzeovak 60
tombe du soldat pas rasé 117
Toogrot 63
Tour dj Molvanie 18
Tous les saints ,chapelle de ***57***
Tous les saints, église de 57
Tous les saints, Gentlemen's Club 57
Toxyk, mont 76
Trubazdor, Jolp 67
truffes 74
Turpz 29
TV 34
TVA, remboursement **41**, 42
Tzoric, général ***15***

U

Ulgmat, St 24
Upchuck 113
uranium,
voir pierres précieuses
urgences 36
Urinjaztkis 40
Uze, rivière 18
Uzkro, centre commercial 101

V

vaccinations,
voir ail
Vaduz, Czez 14
Vajana 76-82, 76
Valentinji Promendjj ***64***
Vcetrezen, galerie 59
V-D cosmétiques 117
végétariens,
voir interdits de séjour
vélo,
voir accidents
Vepcojat, Juzse 32
Vernkiz, Claujs 132
vidéo, voir film et vidéo
vie sauvage protégée **28**, 112
vin, fabrication **74**, 82
Vladko, Lt 98
Vlatvja, Antonin 99
vodka,
voir régime sain
volaille,
voir pigeons
volcan 141
Voldarj, Hzerge 22
voyager en avion 39
voyager en bus,
voir activités à haut risque
voyager en voiture 39
Vrutklen, Ljocek 148
Vzarjkil 70
Vzeclep Instjtuts 82
Vzintga, gorges de la 86
Vzintga, rivière 83
Vzorjmec, rivière **109**, 110
Vzoykcle, ordinateurs 101,
voir aussi Antiquités

W

Wenlecze 132
Wetlands 120,
voir aussi plomberie des hôtels

Z

Zacwej, mont 87
Zamfir 127
zeerstum **28**, 38, 67, 115
Zetwiski, Jzan 33
zinc, empoisonnement au **38**
Zitz pizzas 29
Zjabdre Ier 91
Zjardrill 30,
voir aussi instruments de pouvoir
Zmittenblag 116,
voir aussi fournitures de jardin
zones démilitarisées,
voir Molvanie orientale
zoos **60**, 81
Zpiitka 70
Ztubalk, Igor 14
Zuti, chiens 74,
voir aussi Dzrebo, où se restaurer
Zvadovar bar 28
Zvetmir, dynastie ***91***

Go TouroMolv!

LE SPECIALISTE DU VOYAGE EN GROUPE (moins de 25 personnes)

Bas Tarifs - toutes charges comprises !*

POUR OBTENIR NOTRE BROCHURE GRATUITE
NUMERO GRATUIT 1800-452-111-092

(Conservez ce coupon et recevez notre brochure en couleur
ÉVITER LES MALADIES SEXUELLEMENT TRANSMISSIBLES !)

Pour d'amusantes vacances
dont vous ne vous souviendrez jamais !

Touro Molv

* Sauf taxes gouvernementales, frais d'assurance et demandes de rançon.

LÉGENDES DES CARTES ET SYMBOLES UTILISÉS

FRONTIÈRES, VILLES	TRANSPORTS	PRINCIPAUX SYMBOLES		
FRONTIÈRE INTERNATIONALE	AUTOROUTE	PARC NATIONAL	RIVIÈRE	CHAMP DE MINES (1re guerre mondiale)
FRONTIÈRE ENTRE PROVINCES	ROUTE NATIONALE	TERRAIN RADIOACTIF	LAC	CHAMP DE MINES (2e guerre mondiale)
LIMITE ENTRE TERRITOIRES DE GANGS	ROUTE DÉPARTEMENTALE	INEXPLORÉ (CAUSE MINES)	TOURBIÈRE	CHAMP DE MINES (autre)
CAPITALE NATIONALE	SENTIER DES ÂNES	MONTAGNES	MARAIS	À VOIR ABSOLUMENT
CAPITALE DE PROVINCE	CHEMIN D'ÉVACUATION	RÉSIDUS CHIMIQUES	MARÉCAGE	À VOIR
VILLE FANTÔME	VOIE FERRÉE CIBLE TERRORISTE	RÉACTEURS NUCLÉAIRES	BASSIN D'ÉPURATION	UNIQUEMENT SI BESOIN CABINETS
VILLE	TERRAIN D'AVIATION		ÉGOUT À CIEL OUVERT	

SYMBOLES UTILISÉS SUR LA CARTE			SYMBOLES ABRÉVIATIONS	
STATION THERMALE « SANTÉ »	ÉGLISE/CATHÉDRALE	STATION TAXIS	ADRESSE	RESTAURANT
STATION THERMALE TOXIQUE	ADORATEURS DU DIABLE	GARE FERROVIAIRE	TÉLÉPHONE	BABYSITTING
STATION BALNÉAIRE	CARRIÈRE	GARE ROUTIÈRE	FAX	DÎNER EN TERRASSE
CAMP DE NUDISTES	CIMENTERIE	AÉROPORT	E-MAIL	KARAOKÉ
TOILETTES PUBLIQUES	LOISIRS	MUSÉE GALERIE	NOMBRE DE LITS	GRANGE/HANGAR
BANQUE/GUICHET AUTOMATIQUE	ZOO.	CASINO	CARTE DE CRÉDIT	HÔTEL/AUBERGE

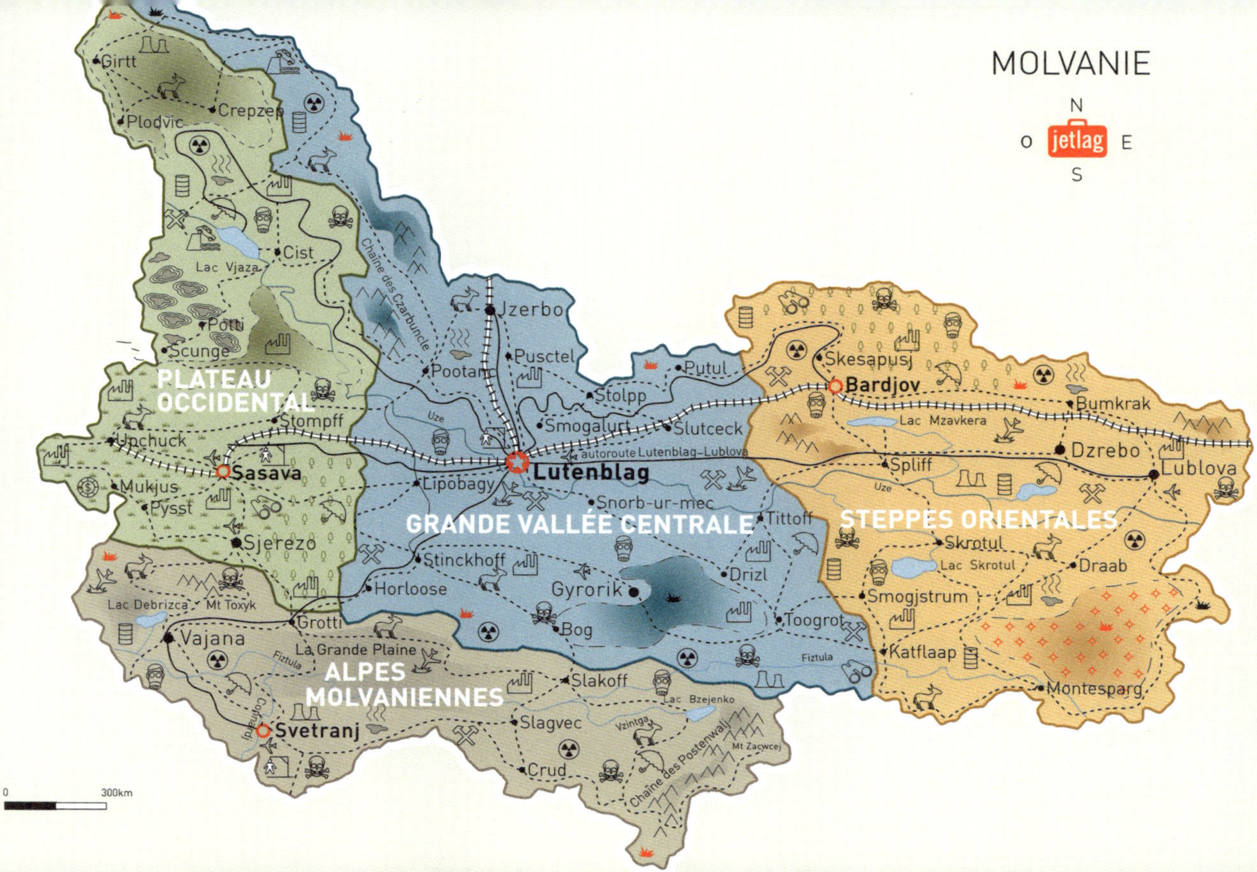
MOLVANIE
N
O
jetlag
E
S
PLATEAU OCCIDENTAL
GRANDE VALLÉE CENTRALE
STEPPES ORIENTALES
ALPES MOLVANIENNES
Girtt
Crepzep
Plodvic
Cist
Lac Vjaza
Potti
Scunge
Stompff
Upchuck
Sasava
Mukjus
Pysst
Sjerezo
Chaîne des Czarbuncle
Jzerbo
Pusctel
Pootanc
Uze
Stolpp
Smogalurt
Slutceck
Putul
Lutenblag
autoroute Lutenblag–Lublova
Lipobagy
Snorb-ur-mec
Tittoff
Stinckhoff
Horloose
Gyrorik
Drizl
Bog
Toogrot
Fiztula
Skesapusj
Bardjov
Bumkrak
Lac Mzavkera
Dzrebo
Spliff
Lublova
Skrotul
Lac Skrotul
Draab
Smogjstrum
Katflaap
Montesparg
Lac Debrizca
Mt Toxyk
Grotti
Vajana
La Grande Plaine
Slakoff
Lac Bzejenko
Svetranj
Connardj
Slagvec
Vzintga
Crud
Chaîne des Postenwalj
Mt Zacwcej
0
300km

CONVERSIONS

Distance

Kilomètres/Miles/Kraktraks

1 km = 0,62 m = 1,238 $^{2}/_{7}$ krktks

Mètres/Pieds/Splutzenfrabs

1 m = 3,3 ft= 606 $^{2}/_{7}$ spltzfbs

Poids

Kilogrammes/Livres/Krakfrigs

1 kg = 2,2 lb = -139 $^{2}/_{7}$ krkfgs

Grammes/Onces/Plopps

1 g = 0,4 oz = $^{2}/_{7}$ plpps

Liquide / Volume

Litres/Gallon US/Fizls

1 l = 0,26 gl = 6 ou 13 fzls

(Selon qu'il s'agit de vin ou d'eau-de-vie, et selon que le vendeur a consommé l'un ou l'autre.)

Vêtements Femmes

US	UK	EUROPE	MOLVANIE
4	6	34	Non disponible
6	8	36	Non disponible
8	10	38	Non disponible
10	12	40	Small
12	14	42	Medium
14	16	44	Enceinte

Vêtements Hommes

US	UK	EUROPE	MOLVANIE
4	6	34	Non applicable
36	36	46	Non applicable
38	38	48	Non applicable
40	40	50	Non applicable
42	42	52	Non applicable
44	44	54	Non applicable

Température

C°	-17.8	-12.2	-6.7	-1.1	0	+4.4	10.0	15.5	21.1	26.6	32.2	37.7
F°	0	10	20	30	32	40	50	60	70	80	90	100
Zk°	19 $^{13}/_{17}$	22 $^{13}/_{17}$	26 $^{13}/_{17}$	32 $^{13}/_{17}$	40 $^{13}/_{17}$	51 $^{13}/_{17}$	64 $^{13}/_{17}$	77 $^{13}/_{17}$	(Non applicable)			

Pointures

À noter : Les numéros figurant sur les chaussures ne correspondent pas nécessairement à la taille. C'est souvent un code indiquant le matériau de fabrication.

IE			
	6	=	Cuir
	7	=	Peau d'âne
	8	=	Bois
	9	=	Amiante
	10	=	Papier de verre
	11	=	Béton

LUTENBLAG TRANSPORTS EN COMMUN

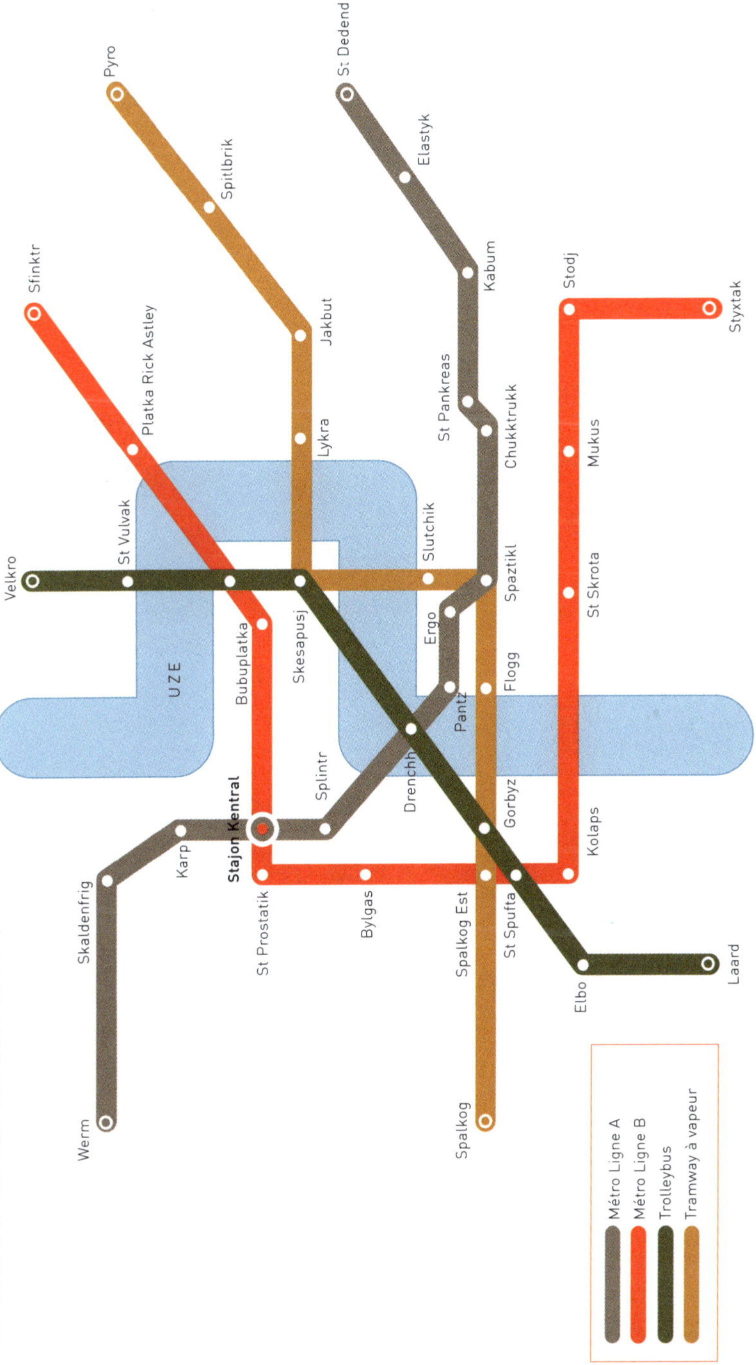

Autres guides de voyage bientôt disponibles dans la collection Jetlag Travel Guide

Viva San Sombrero !

LE JOYAU OUBLIÉ DE L'AMÉRIQUE CENTRALE ...

Des plages inondées de soleil de Porto Polluto aux hauteurs éblouissantes de sa trépidante capitale, Cucaracha City, cet ancien protectorat espagnol a bel et bien mérité sa réputation de pays le moins ravagé par la guerre de toute la région.

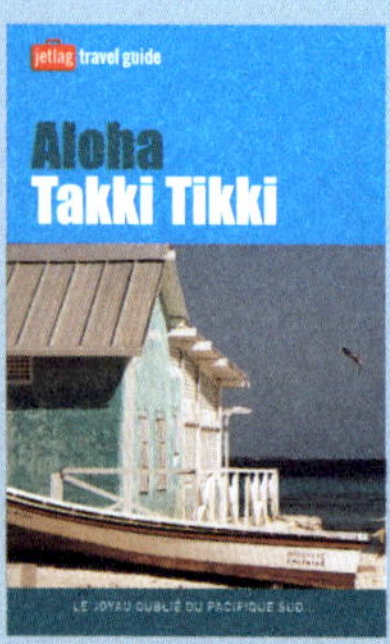

Aloha Takki Tikki !

LE JOYAU OUBLIÉ DU PACIFIQUE SUD ...

Naguère berceau des farouches guerriers tatounésiens, cette île idyllique de langue française attire aujourd'hui aussi bien les amateurs de soleil que les scientifiques nucléaires – charmés par ses eaux clémentes, son sable iridescent et son taux de radiation en constante décroissance.

Let's Go Bongoswana !

L'ex Congo belge oriental est un pays mystérieux qui n'a ouvert ses portes au monde extérieur que tout récemment. De sa capitale Coup D'État – berceau de la tenue de safari – à la luxuriante jungle Ebola, le Bongoswana est un appel à l'exploration.